Ulrike Bechmann, Mitri Raheb (Hrsg.)
Verwurzelt im Heiligen Land

Ulrike Bechmann, Mitri Raheb (Hrsg.)

Verwurzelt im Heiligen Land

Einführung in das palästinensische Christentum

VERLAG JOSEF KNECHT · FRANKFURT AM MAIN

Die Deutsche Bibliothek – CIP-Einheitsaufnahme

Verwurzelt im Heiligen Land : Einführung in das palästinensische
Christentum / Ulrike Bechmann ; Mitri Raheb (Hrsg.). – 1. Aufl. –
Frankfurt am Main : Knecht, 1995
ISBN 3-7820-0729-8
NE: Bechmann, Ulrike [Hrsg.]

1. Auflage 1995. Alle Rechte vorbehalten. Printed in Germany
© 1995 by Verlag Josef Knecht – Carolusdruckerei GmbH
Frankfurt am Main
Satz: Offizin Wissenbach, Würzburg
Umschlaggestaltung: Atelier Warminski, Büdingen,
unter Verwendung eines Aquarells von Suliman Mansour.
Druck und Bindung: Wagner GmbH, Nördlingen
⊗ Gedruckt auf alterungsbeständigem Papier
ISBN 3-7820-0729-8

Inhalt

Teil 3   Christliche Frauen in Palästina

Teil 4   Der Beitrag der ChristInnen
im Bildungs- und Sozialwesen in Palästina

Mitri Raheb / Ulrike Bechmann

Vorwort

Verwurzelt im Heiligen Land – der Titel macht deutlich, aus welcher Quelle das palästinensische Christentum seine Identität und seine Lebenskraft schöpft. Jerusalem als Zentrum des Landes übt auf viele Menschen Faszination aus. In den drei großen monotheistischen Religionen Judentum, Christentum und Islam spielt die Stadt eine bedeutende Rolle. Doch nicht nur religiöse Gründe bewegen viele, in das Heilige Land zu reisen.

Nahezu jede christliche Konfession findet man im Heiligen Land, jede hat Kirchen und andere Institutionen. Auch von Deutschland aus gibt es traditionelle Verbindungen zwischen den Kirchen. Und doch blieben die palästinensischen ChristInnen, ihre Geschichte, ihr Schicksal, ihre Traditionen und ihre Anliegen weitgehend unbekannt.

Das vorliegende Buch soll einen Einblick in die Geschichte und das Leben der ChristInnen in Palästina geben. Jedes Kapitel steht unter einem Thema. Die ersten Artikel vermitteln einen Überblick über grundsätzliche Fragen und Probleme. Diesen eher theoretischen Zugängen schließen sich Interviews, Porträts und die Darstellung von Initiativen an. Sie vertiefen das Thema und veranschaulichen es. Mosaikartig entsteht so ein Bild aus den verschiedenen Aspekten zu Geschichte, Glauben und Arbeit palästinensischer ChristInnen.

In jedem Jahr reisen viele ChristInnen ins Heilige Land. Relativ selten aber finden dabei auch Begegnungen mit

ChristInnen aus Palästina statt. Diese Einführung soll dazu beitragen, palästinensische ChristInnen, ihr Leben, ihre Traditionen und ihre Anliegen besser bekannt zu machen. Authentische Stimmen kommen zu Wort. Die Informationen sollen Perspektiven eröffnen und wollen zu Begegnungen mit ChristInnen des Heiligen Landes einladen.

Gesucht wird eine solche Begegnung in diesem Buch. Die Beiträge stammen von AutorInnen aus Deutschland und aus Palästina. Ihre unterschiedlichen Perspektiven ergänzen sich. Auf eine Angleichung von Stil und Sprachduktus wurde bewußt verzichtet, um die unterschiedlichen Zugänge und Akzente deutlich zu machen, sozusagen die Farben des Mosaiks zum Leuchten zu bringen.

An dieser Stelle sei allen AutorInnen herzlich gedankt, daß sie bereit waren, einen Beitrag für dieses Buch zur Verfügung zu stellen. Ebenso haben wir dem Verlag Josef Knecht für die Zusammenarbeit, die dieses Buch erst ermöglichte, zu danken.

Wir hoffen, daß diese Einführung anregt, palästinensische ChristInnen näher kennenzulernen und mit ihnen ein Gespräch aufzunehmen. Denn ihre Wurzeln im Heiligen Land sind auch unsere Wurzeln, und ihre Geschichte ist von unserer Geschichte nicht zu trennen.

Teil 1

Wer sind diese ChristInnen?

PAUL LÖFFLER

Christliche Präsenz in Palästina

Zur Vielfalt der Konfessionen

Wer einmal die Altstadt von Jerusalem besuchte, behält ein Bild bunter Vielfalt vor Augen. In der Grabeskirche – der Auferstehungskirche der Orthodoxen – bricht sich das ganze Spektrum seiner Farben: weiß-goldene liturgische Gewänder mit roten oder grünen Schärpen aus der byzantinischen Tradition, die blauen Kutten äthiopischer Mönche, das Schwarz der mit Kapuze verhüllten armenischen Priester, das Violett eines lateinischen Würdenträgers. Dazu kommt die Vielfalt von Klängen: Hier hört man griechische Gesänge und koptische Hymnen, gregorianische Psalmen und die Liturgie in arabisch. Hier begegnet man jeder Ausprägung von Kultus, die vom Christentum je hervorgebracht worden ist, aber auch jeder Gestalt von Kirche seit ihren Anfängen. Das verwirrt die Besucherinnen und Besucher aus Europa und wird oft sogar als bedrohlich empfunden. Im Zentrum für Touristen und Pilger auf dem Ölberg wird berichtet, daß Neulinge im »Heiligen Land« durch die Erfahrung dieser Vielfalt fasziniert, aber auch verunsichert werden.

Offenbar sind wir nicht vorbereitet darauf, daß wir uns in Palästina mit seiner Hauptstadt Jerusalem im symbolischen Zentrum des Christentums befinden. Wie ein magnetischer Kern hat diese Region die Repräsentanten der vielen Kirchen rund um den Globus als Besucher und Zuwanderer angezogen. Fast alle Kirchen des christlichen Abendlandes fühlten sich herausgefordert, in Palästina präsent zu sein. So sind ihre Vertreter über die Jahrhunderte hierhergezogen: Kleriker und Mönche der byzantinischen Reichskirche mit der Kaiserin Helena, die im vierten Jahrhundert den ursprünglichen konstantinischen Bau der Grabeskirche errichteten, oder die franziskanische Mission ab 1219 (»Custodia des Heiligen Landes«) oder die Vertreter des anglopreußischen Bistums seit 1841 oder fundamentalistische Amerikaner, die eine »Christliche Botschaft« in Jerusalem etablierten. Diese vielen Schichten christlicher Präsenz von außen verwirren nicht nur, sondern drohen auch die Präsenz der palästinensischen Christinnen und Christen und ihrer einheimischen Kirchen zu verdecken.

Diese palästinensischen Christen gehören von Anfang an zum Orient, teilen und teilten seine Kultur und sein Schicksal. Als die Kreuzfahrer 1099 Jerusalem eroberten und dabei völlig zerstörten, haben sie mit den jüdischen und muslimischen auch seine christlichen Einwohner umgebracht, weil sie sie nicht von den anderen Bewohnern unterscheiden konnten. In Palästina begegnet den Christen des Abendlandes die älteste Kontinuität der Christenheit: Liturgien und Traditionen haben sich fortgesetzt von den Anfängen einer christlichen Gemeinde hier in Jerusalem. So findet sich in Palästina nicht nur die größte Vielfalt von christlicher Kirche, sondern wir können sie hier gewissermaßen von ihren Ursprüngen bis heute begleiten. Wenn die Vielgestalt des Christentums das Ergebnis von kulturellen, sozialpolitischen und konfessionellen Entwicklungen in einem jahrhundertelangen Prozeß ist, dann spiegelt sich ein guter Teil davon in der palästinensischen Kirchengeschichte wieder. Sie bietet die Chance für eine historische Entdeckungsreise über fast 2000 Jahre, umfaßt aber auch alle interkonfessionellen Beziehungsprobleme und Rivalitäten.

Obwohl die Kontinuität zur Jerusalemer Urgemeinde mit der Zerstörung der Stadt und Vertreibung der Juden im Jahre 70 zerbrach, müssen einzelne christliche Familien immer noch in Palästina weiter gelebt haben. Nach dem endgültigen Verbot jüdischer Siedlung durch die Römer 135 nach Christus waren sie nicht mehr Judenchristen, sondern Einheimische aramäischer und hellenistischer Zugehörigkeit. Eine der ältesten historischen Quellen, der Bericht eines unbekannten Pilgers aus dem Jahr 333, gibt Hinweise auf mehrere kleine Kirchengebäude in Jerusalem und auf eine »Geburtskirche« in Bethlehem sowie eine Kirche am Jakobsbrunnen bei Nablus. Kaiser Konstantin und seine Mutter Helena betrieben dann einen umfangreichen Kirchenbau an den heiligen Stätten. Palästina wird zu einem Zentrum der byzantinischen Reichskirche, dem ab 451 ein Patriarch vorsteht. Dieses Jerusalemer Patriarchat wird von den großen Konzilen als erstes in der historischen Rangfolge anerkannt. Palästina war aber auch ein theologisches und liturgisches Zentrum: Hier entstand die »Jerusalemer Liturgie« als eine der liturgischen Grundformen. Seit 386 wirkte in Bethlehem der Kirchenvater Hieronymus. Trotzdem blieb die Christenheit Palästinas auch damals eine Minderheit im Religionsgemisch der Region.

Ab der Mitte des fünften Jahrhunderts führten die theologischen Streitigkeiten in der Alten Kirche zu einer grundlegenden konfessionellen Spaltung auch für Palästina. Auf der einen Seite stand die immer noch dominierende byzantinisch-griechische Reichskirche, die mit Rom verbündet war, auf der anderen Seite die von ihnen so genannten Monophysiten (Eine-Natur-Lehre), weil sie die eine göttliche Natur Jesu Christi betonten. Im ganzen Orient entstand aus den tiefgreifenden dogmatischen Differenzen, die sich mit regionalen Traditionsgegensätzen und Macht-kämpfen, zum Beispiel zwischen Antiochien und Alexandrien, verbanden, eine weitreichende konfessionelle Trennung in der Welt der damaligen Orthodoxie. Auch in Palästina kam es zum spannungsgeladenen Nebeneinander zwischen »Byzantinern« und »Orientalen«. Zu letzteren gehören die armenische, die koptische und syrische, sowie die äthiopische Kirche. Sie alle waren und sind in Palästina, insbesondere in Jerusalem vertreten. Erst mit der ökumenischen Bewegung in diesem Jahrhundert haben sich die kirchentrennenden Spannungen entscheidend gemildert. Sie sollen bis zur Jahrtausendwende auf einem Pan-Orthodoxen Konzil endgültig überwunden werden.

Das Zeitalter Palästinas unter muslimischer Schutzherrschaft begann 638 mit dem Einzug des Kalifen Umar in Jerusalem. Zwar garantierte die muslimische Macht unter dem später so genannten »Millet-System« den christlichen Kirchen ihre heiligen Stätten (Status-Quo-Abkommen von 1757), ihre religiöse Selbstbestimmung und den Erhalt der Personenstandsrechte (Taufe, christliche Eheschließung usw.). Aber die Christen waren von nun an bis zum Ende des Osmanischen Reiches nach dem Ersten Weltkrieg doch Bürger zweiter Klasse in einer islamisch geprägten Gesellschaft. Der eigentliche gewaltsame Einbruch von außen erfolgte durch die Kreuzzüge, die nach der Eroberung von Jerusalem 1099 zur Errichtung eines abendländisch-christlichen Königtums führten. Hand in Hand damit wurde die römisch-katholische Jurisdiktion eingeführt und in Jerusalem ein »Lateinisches Patriarchat« errichtet. Obwohl dieses nur von 1099 bis 1291, der Vertreibung der Kreuzritter, existierte (Neuerrichtung 1847), hatten die Kreuzzüge auf Dauer eine Dreiteilung der Christenheit in Palästina zur Folge. Zu den Griechisch-Orthodoxen und Orientalisch-Orthodoxen kam die römisch-katholische Kirche, hier die Lateinische genannt. Später bildeten sich durch ihre Missionstätigkeit im Nahen Osten auch mit Rom unierte orthodoxe Kirchengemeinschaften (griechisch-katholische, armenisch-katholische, koptisch-katholische, syrisch-katholische: die sogenannten Chaldäer).

Diese konfessionelle Ausfaltung ereignete sich trotz muslimischer Herrschaft, zuerst unter den Umayyaden und Abbasiden, nach den Kreuzzügen unter den Mamelucken und ab 1517 unter den osmanischen Türken. Obwohl es periodisch zu Repressionen und einzelnen Christenverfolgungen kam, gewährleisteten die muslimischen Herrscher die Weiterexistenz der verschiedenen Kirchengemeinschaften. Sie sorgten sogar für einen gewissen Ausgleich zwischen ihnen und für eine Befriedung bei konfessionell bedingten Streitigkeiten. Ein Beispiel dafür ist, daß der Schlüssel zur Grabeskirche (bis heute) einer muslimischen Familie anvertraut wurde, die dafür sorgt, daß alle christlichen Konfessionen Zutritt erhalten. Vor allem haben die langen Jahrhunderte unter muslimischer Herrschaft eine intensive Integration der palästinensischen Christenheit in die Kultur und Sprache der Araber bewirkt. Umgekehrt gilt, daß die arabische Kultur und Sprache, obwohl vom Koran ausgehend, von den Christen im Nahen Osten entscheidend mitgeprägt worden ist. Arabische Literatur und Lebensweise sind ohne ihre Beiträge nicht denkbar. Andererseits haben sich Alltagsleben der Christen und ihre Theologie und Liturgie stark arabisiert. Die alten Kirchensprachen (das Koptische, Syrische, Griechische) sind selbst in der Liturgie bis auf Kernstücke durch das Arabische ersetzt worden, das ohnehin Umgangssprache für alle einheimischen Christen ist, auch für die nicht-semitischen Armenier. Christen lebten in Nachbarschaft zu arabischen Muslimen und erhielten sich dabei ihre eigenen Familien- Clan- und Volksstrukturen. So ist die palästinensische Chri-

stenheit bis heute trotz ihrer internen konfessionellen Vielfalt eine funktionierende Gesamtgemeinschaft geblieben,
die alle sozialen Schichten umfaßt: Bauern und Landarbei-
ter ebenso wie (wenige) Großgrundbesitzer und Notabeln,
eine städtische Mittelschicht mit Handwerkern, Handels-
leuten wie Akademikern. So gibt es überall in Palästina
christliche Großfamilien oder ganze christliche Dörfer,
ebenso wie christliche Stadtviertel oder überwiegend christliche Städte (z.B. Bethlehem und Nazareth).

Ab der Mitte des letzten Jahrhunderts wurden die palästinensischen Christen und Christinnen zu Trägern der
Modernisierung, allerdings auch zu Vermittlern westlicher
Einflüsse. Als von 1820 an westliche evangelische und
katholische Missionen in Palästina Fuß faßten und insbesondere moderne westliche Schul- und Erziehungsarbeit
ins Land brachten, suchten und fanden sie ihre Mitarbeiter
und Mitarbeiterinnen vor allem unter palästinensischen
Christen. Daraus entwickelte sich eine starke christlich-
palästinensische Mittelschicht von Pädagogen, Medizinern, Technikern und Wissenschaftlern. Parallel dazu entstanden nach westlichem Modell erzieherische und soziale
Institutionen, die von kirchlichen Werken in England oder
Schottland, in den Niederlanden oder den Vereinigten
Staaten, aber auch insbesondere in Deutschland getragen
und finanziell unterstützt wurden. Dazu gehörten die Kaiserswerther Diakonie, das Syrische Waisenhaus und der
1852 gegründete Jerusalemsverein auf evangelischer Seite.
Die deutschen Katholiken gründeten 1855 den »Verein
vom heiligen Grabe«, der 1895 in den »Deutschen Verein
vom heiligen Lande« überging.

Die Arbeit der westlichen Missionen bewirkte allerdings
auch eine weitere konfessionelle Aufteilung. Die Ausstrah-
lung und Predigten der evangelischen Missionare, so von
Bischof Gobat, führten Schritt für Schritt zu evangelischen

Gemeindebildungen, aus denen sowohl die (anglikanische) bischöfliche Kirche wie die evangelisch-lutherische Kirche in Jordanien hervorgingen. Das konfessionelle Spektrum der palästinensischen Christenheit ist damit komplett. Es entspricht der konfessionellen Vielfalt der Kirchen im ganzen Orient, allerdings in einer umfassenden Art, wie sie sich aus dem Charakter von Palästina als Wiege der Kirche und symbolisches Zentrum der Christenheit erklärt.

Die vier einheimischen Konfessionsfamilien

Es ist aus dem geschichtlichen Überblick deutlich geworden, daß sich durch Austausch und Außeneinwirkungen um das einheimische palästinensische Christentum immer wieder Schichten einer weiteren christlichen Präsenz gebildet haben. Sie legten sich wie konzentrische Kreise um die Gemeinden und Kirchen, die von Anfang an in diesem Land existiert haben und die lebendige Kontinuität zur Urkirche bilden. Diese konzentrischen Kreise umfassen die Präsenz von benachbarten Schwesterkirchen wie der koptisch-orthodoxen und der maronitischen, den Nationalkirchen Ägyptens und des Libanon. Die Grenzen sind dabei fließend: Palästina war immer mit Syrien und dem Libanon eng verbunden und gehörte jahrhundertelang zur osmanischen Provinz Syrien: Ist die syrisch-orthodoxe Kirche mit ihrem Zentrum in Damaskus im engeren Sinne palästinensisch? Gehört die armenisch-orthodoxe Kirche mit ihrer eigenständigen Kirchengemeinschaft und dem selbständigen Patriarchat in Jerusalem dazu, obwohl die Armenier keine Araber sind?

Deutlicher hebt sich der Kreis der nicht aus dem Nahen Osten stammenden Schwesterkirchen ab: Die äthiopisch-orthodoxe Präsenz mit einer Mönchskolonie auf dem Dach der Grabeskirche, die russisch-orthodoxe Präsenz des Moskauer Patriarchats, die römisch-katholische Präsenz, die sich in unzähligen Kirchengebäuden, Konventen und Klostergemeinschaften wie in zahlreichen Institutionen (Dormitio-Kirche, -Abtei und Institut) manifestiert, und die unüberschaubare evangelische Präsenz von draußen, die mit vielfältigen Denominationen von Baptisten bis zu schwedischen Hochlutheranern und eben in verschiedenen Nationalitäten mit ihren jeweils eigenen Gemeinden (evangelisch-deutschsprachige Gemeinde) und jeweiligen Institutionen (Schulen, Bibelinstituten) anwesend ist; sie alle sind Teil der christlichen Präsenz in Palästina, gehören aber sicher nicht zur palästinensischen Christenheit im eigentlichen Sinn. Dies läßt sich gerade an denen dokumentieren, die wie der franziskanische Orden oder die Karmeliter und Karmeliterinnen oder die Johanniter seit vielen Jahrhunderten Jerusalem und dem »Heiligen Land« verbunden sind. Für sie vollzieht sich die Identifikation eben über die religiöse Bedeutung des Landes, über seine christlichen Gedenkstätten, seinen biblischen Bezug und über seinen Status als Ursprungsort des Christentums.

Die palästinensische Christenheit ist die Gemeinschaft der christlichen Menschen und Familien, die dem palästinensischen Volk angehören, Arabisch als ihre Muttersprache oder zumindestens Umgangssprache haben und zur Minderheit der arabischen Christen in der muslimisch-arabischen Welt gehören. Diese Minderheitensituation in ihrer eigenen Ursprungsregion und ihre historische Zugehörigkeit zur Völkergemeinschaft des Nahen Ostens ist immer wieder durch die Präsenz der »anderen« Kirchen verfremdet und gefährdet worden. Denn im politischen Kontext war das christliche Abendland überwiegend Rivale oder sogar Feind der arabisch-islamischen Welt, zu der die einheimischen Christen gehörten. Im kolonialen Zeitalter sind ab 1798 die (damals noch) christlichen abendländischen Mächte mit militärischen Interventionen in den Nahen Osten eingebrochen. Sie haben zugleich einen Modernisierungsschub und Technologietransfer, zum Beispiel über das westliche Bildungssystem, aber auch durch direkte koloniale Eingriffe in Gang gesetzt. In diesem spannungsreichen und konfliktgeladenen Prozeß waren die einheimischen Christen sowohl aktive Vermittler wie Opfer von verwestlichender Entfremdung. Zur Entfremdung haben christliche Präsenz von außen und Aktivitäten der westlichen Missionen erheblich beigetragen. Als Vermittler sind palästinensische Christen und Christinnen aber auch zu Brückenbauern zwischen Orient und Okzident geworden. Nach meiner Erfahrung leben sie eine vielschichtige Identität, in der sich Erfahrungen und Wertvorstellungen von östlichem und westlichem Christentum verbinden. Ihre Kraft erhält die palästinensisch-christliche Identität jedoch aus ihren Wurzeln in Palästina.

Die palästinensische Christenheit gliedert sich heute als Ergebnis der Kirchengeschichte im »Heiligen Land« in vier Konfessionsfamilien: den *orientalisch-orthodoxen Kirchen*, der *griechisch-(roum-)orthodoxen Kirche*, den mit Rom *unierten-orthodoxen Kirchen* und der *römisch-katholischen (lateinischen) Kirche*, den *evangelischen Kirchen*. Diese Viergliederung folgt dem Selbstverständnis des Mittelöstlichen Kirchenrates (MECC), der sich in eben diese vier Familien unterteilt. Als fünfte ist die assyrische Kirche des Ostens (die sogenannten »Nestorianer«) zu nennen, die jedoch in Palästina keine Rolle spielt. Alle vier in Palästina existierenden Konfessionsgemeinschaften sind Bestandteil von Geschichte und Tradition ihres jeweils größeren Familienverbandes im Mittleren Osten. Deshalb ist es nötig, das Profil der konfessionellen Situation im Nahen Osten insgesamt vor Augen zu haben (s. den Überblick von G. Richter S. 25).

Die griechisch-orthodoxe Kirche ist hier die größte Kirche und als Nachfolgerin der alten byzantinischen Reichskirche die etablierteste unter allen Kirchen in Palästina. Ihr Oberhaupt, der griechische Patriarch von Jerusalem, wird als höchster christlicher Würdenträger im Lande anerkannt. Sie ist auch die repräsentativste der Kirchen unter der palästinensischen Bevölkerung. Ein größerer Teil ihres Klerus, insbesondere die dem Mönchtum zugehörige Hierarchie und damit auch der Patriarch sind allerdings griechischer Abstammung beziehungsweise Nationalität. Diese Situation hat mit ihrem griechisch-byzantinischen Ursprung zu tun. Angesichts des starken palästinensisch-nationalen Bewußtseins beim Kirchenvolk ergeben sich daraus Spannungen, zumal das benachbarte Patriarchat von Antiochien mit Sitz in Damaskus hundertprozentig in Führung und Lebensgestalt arabisch ist.

Zur griechisch-orthodoxen Familie – über den ökumenischen Patriarchen von Konstantinopel miteinander verbunden – gehören in Palästina sowohl dem Moskauer Patriarchat wie der exilrussischen Kirche zugeordnete Gemeinschaften und Einrichtungen sowie eine rumänisch-orthodoxe Kolonie.

Die Familie der Orientalisch-Orthodoxen ist durch eine kontinuierlich im Lande lebende armenische Kirchengemeinschaft vetreten. Ihr Zentrum ist das Jerusalemer Patriarchat mit der Jakobus-Kathedrale, einem Priesterseminar und einer Schule. Die nur nach Tausenden zählende armenische Bevölkerung beteiligt sich zum Teil aktiv an der palästinensischen Bewegung. Ihre Zugehörigkeit zur arabisch-palästinensischen Umwelt brachte Katholikos Karekin einmal so zum Ausdruck: »Ich bin ein armenischer Christ, der in der arabischen Welt lebt, der arabisch spricht und doch an seiner Identität als Mitglied der armenischen Volksgruppe festhält. Unsere Volksgruppe ist aber wiederum integriert in das Gesamtgewebe der mittelöstlichen Länder.« Neben den Armeniern findet sich eine kleinere syrisch-orthodoxe und noch kleinere koptisch-orthodoxe Kirchengemeinschaft in Palästina, jeweils mit einem Bischof bzw. Patriarchen (Kopten) an der Spitze.

Die mit Rom unierten Orthodoxen sind alle auch in Palästina vertreten (armenisch-katholische, syrisch-katholische, koptisch-katholische, Chaldäer). Zahlenmäßig ins Gewicht fallen allerdings nur die Maroniten und insbesondere die griechisch-katholischen. Wegen der engen Verbindung zwischen Palästina und dem Libanon siedelten nicht nur in Jerusalem sondern auch an der Küste, in Galiläa und auf dem Golan früher viele Maroniten, deren Zahl jedoch seit der Gründung des Staates Israel stark zurückgegangen ist. Bleibend bedeutend ist die Präsenz der griechisch-katholischen. Diese Kirche entstand aus einer Zurück-zu-Rom-Bewegung unter Griechisch-Orthodoxen in Syrien, im Libanon und Palästina. Besonders stark vertreten sind diese sogenannten »Melkiten« unter den Palästinensern in Israel. Dort bilden sie eine eigene Erzdiözese von Akko, Haifa, Nazareth und ganz Galiläa. Der Patriarch hat seinen Hauptsitz in Damaskus.

Der oberste katholische Repräsentant in Palästina ist der lateinische Patriarch. Auch nach der Wiedererrichtung dieses Patriarchats 1847 durch Papst Pius IX. wurde es in der Regel mit Prälaten aus Rom besetzt. Erst Ende 1987 ernannte der Papst zum ersten Mal einen arabischen Palästinenser zum Patriarchen.* Diese durch die »Intifada« mitbewirkte sensationelle Entscheidung hat das Bewußt-

---

* Vergleiche den Artikel von Rainer Zimmer-Winkel »In pulchritudine pacis« in diesem Band S. 134.

sein der Palästinenser unter den Christen mit lateinischem Ritus sehr gestärkt und die gesamte Christenheit im »Heiligen Land« in ihrem Streben, ihren palästinensischen Charakter zu stärken, unterstützt.

Die beiden evangelischen palästinensischen Kirchen sind die bischöfliche Kirche, die zur anglikanischen Gemeinschaft gehört und die evangelisch-lutherische Kirche in Jordanien. Beide gehen auf das anglo-preußische Bistum in Jerusalem (gegründet 1841) zurück. Als es in seinem Umfeld zu Gemeindebildungen kam, konzentrierten sie sich bei den Anglikanern auf Jerusalem und das nördliche Palästina, bei den Lutheranern auf Jerusalem und den Süden, später auch auf das heutige Jordanien. Beide Kirchen sind eine Minderheit in der christlichen Minderheit geblieben, jedoch besonders verwurzelt in der palästinensischen Bevölkerung und ihrer nationalen Bewegung. Sie haben überproportional zur Erziehung und Sozialarbeit beigetragen.

Rafiq Khoury, katholischer palästinensischer Theologe charakterisiert die Lage der Christenheit von Palästina insgesamt mit drei Merksätzen: »Die Christen und Christinnen des Heiligen Landes finden sich viergeteilt zwischen Rom, Konstantinopel, Antiochien und Alexandrien… (Sie) verteilen sich auf drei verschiedene Territorien: Israel, die Besetzten Gebiete, Jordanien… Die Christen stehen – eine Situation, die in der Welt einmalig ist – in direktem, täglichen Kontakt mit den beiden anderen großen monotheistischen Weltreligionen: dem Islam und dem Judentum.«[*]

* Palästinensisches Christentum – Erfahrungen und Perspektiven, Kleine Schriftenreihe Heft 7 des Kulturverein AphorismA, Trier 1993.

1. Die *assyrische Kirche des Ostens*: In Gottesdienst und Lehre verehrt sie besonders das Geheimnis der Menschlichkeit des Gottessohnes Jesus Christus. Sie steht in der theologischen Tradition der alten Zentren Antiochien und Edessa: die Sprache ihrer Liturgie ist das Ostsyrische. Ihr geistliches Zentrum ist für Jahrhunderte Seleucia-Ktesiphon in Mesopotamien. Zu ihrer großen Tradition gehört eine erfolgreiche Mission bis nach Indien und China. Mitglieder dieser Kirche waren als gelehrte Vermittler griechisch-römischer Bildung hochangesehen im Persien des sechsten Jahrhunderts und am Kalifenhof von Bagdad im siebten und achten Jahrhundert. Diese Kirche, im Westen manchmal Nestorianer genannt, ist heute die bei weitem kleinste der Konfessionsfamilien im Orient.

2. Zur *orientalisch-orthodoxen Konfessionsfamilie* gehören drei selbständige Kirchen mit unterschiedlichen sprachlichen und kulturellen Traditionen; aber sie eint in Theologie und Liturgie ihre Liebe zum Lobpreis des Mysteriums der Göttlichkeit des Menschensohnes Jesus Christus.

Die *koptische Kirche*, an Mitgliedern größer als alle anderen Kirchen im Mittleren Osten zusammen, versteht sich als Erbin des klassischen Ägypten und der alexandrinischen Theologie und ist stolz auf den Ursprung des christlichen Mönchtums in ihrer Mitte. Ihr Oberhaupt führt den Titel Papst.

Die *syrisch-orthodoxe Kirche* hatte bis zur Vertreibung und Verfolgung ihrer Mitglieder zu Anfang des 20. Jahrhunderts (vgl. die Armenier) ihr Zentrum im Tur Abdin der Südost-Türkei mit Mardin als Sitz des Patriarchen und vielen Klöstern, Mittelpunkten der Erziehung und der Pflege der aramäisch-altsyrischen Sprache. Heute leben die Mitglieder dieser Kirche überwiegend im Exil, sowohl innerhalb des Mittleren Ostens wie auch in Europa und den USA.

Die *armenisch-orthodoxe Kirche*: Die Armenier haben als erste das Christentum als ganze Nation angenommen (301). Für die Übersetzung der Bibel und die Christianisierung des Volkes wurde eine eigene Schriftsprache entwickelt. Der Versuch der Islamisierung war bei den Armeniern erfolglos. Ein Großteil der Armenier außerhalb der Sowjetunion lebt wie die syrisch-orthodoxen Christen im Exil. Sie haben ihr geistliches Zentrum mit dem Katholikos an der Spitze in Anteljas im Libanon. Es wurde auf Einladung der libanesischen Christen nach den Massakern und nach der Vertreibung aus ihren alten Wohngebieten in der östlichen Türkei (1918) errichtet. Armenische Patriarchate gibt es in Istanbul und Jerusalem.

3. Die *griechisch-orthodoxe Kirche* ist die im Mittleren Osten am engsten mit der arabischen Sprache und Kultur verbundene Kirche. Seit 350 Jahren ist hier Arabisch die Sprache ihrer Liturgie. Sie ist von dem berühmten 4. Ökumenischen Konzil in Chalcedon 451 geprägt und versuchte damals – und heute – in der theologischen Auseinandersetzung um die Natur Jesu Christi die Mitte zu halten zwischen den assyrischen und altorientalisch-orthodoxen Kirchen. Mit dem Bekenntnis zu Jesus Christus als »wahrem Menschen und wahrem Gott« wurde sie die byzantinische Reichskirche. Sie hatte es unter der islamischen Herrschaft besonders schwer und mußte zudem die Auseinandersetzung mit der westlichen Kirche führen. 1054 kam es zu einem Schisma zwischen Konstantinopel und Rom. Innerhalb der griechisch-orthodoxen Kirche waren arabische Christen führend beteiligt an der Öffnung des Orients für westliche politische Ideen, zum Beispiel für die Idee eines säkularen Staates und nicht religiös-konfessionell gebundener Parteien. Zur Tradition dieser Kirche, deren Patriarch in Damaskus residiert, gehört der Dialog mit dem Islam. Durch eine Jugendbewegung in den letzten 50 Jahren ist es zu einer geistlichen Erneuerung gekommen.

4. Die zu *Rom gehörenden Kirchen mit eigenem Patriarchen* sind im Orient verhältnismäßig jung mit Ausnahme der Maroniten im Libanon (s.u.). Sie pflegen verschiedene Traditionen in Liturgie und Theologie je nach nationaler und konfessioneller Herkunft. Die älteste ist die *chaldäische Kirche* im Irak, die an Mitgliedern stärkste ist die *melkitische* (griechisch-katholische).

Daneben gibt es *syrisch-, koptisch- und armenisch-katholische* Christen. Diese mit Rom unierten Kirchen sind hauptsächlich im 17. und 18. Jahrhundert entstanden, als der Westen sein Interesse für den Orient neu entdeckte. Die unierten Christen möchten gern eine Brücke zwischen dem Orient und dem katholischen Westen sein.

Unter den mit Rom unierten Kirchen sind die *Maroniten* im Libanon. Die Wurzeln ihrer Kirche reichen zurück in die dogmatischen Auseinandersetzungen mit Byzanz im 6./7. Jahrhundert. Um ihre theologische Eigenart zu bewahren, flohen sie in die schwer zugänglichen Täler des Libanongebirges. Hier breiteten sie sich aus. Ihre frühe Verbindung zur Kirche in Rom wird in der Kreuzfahrerzeit (1180) offiziell bestätigt. Die Bindung an die französische Sprache und Kultur hat ihre Wurzeln in dieser Zeit. Die Maroniten bilden die größte Kirche im Staat Libanon. In allen Ländern des Mittleren Ostens gibt es daneben *römisch-katholische Christen* des lateinischen Ritus.

5. Die *Kirchen verschiedener reformatorischer Traditionen* im Mittleren Osten gehen zurück auf die Wirksamkeit amerikanischer, englischer und deutscher Missionare, resp. Presbyterianer, Kongregationalisten, Anglikaner, Lutheraner u.a.m., die ursprünglich den einheimischen Kirchen mit diakonischen und pädagogischen Einrichtungen helfen wollten. Dann aber war Ziel ihres Einsatzes neben der Verkündigung des Evangeliums an Nicht-Christen die Erweckung aller Christen zum lebendigen Glauben an Jesus Christus im Sinn der Reformation und des Pietismus. Heutige pädagogische und diakonische Einrichtungen der einheimischen Kirchen stehen in der Tradition dieses Wirkens. Neben den protestantischen Kirchen episkopaler, presbyterianischer und lutherischer Tradition, die im Ökumenischen Rat der Kirchen mitarbeiten, steht eine Vielzahl fundamentalistisch-evangelischer Gemeinschaften pfingstlerischer und charismatischer Prägung.

Georg Richter

Aus: Ev. Missionswerk Südwestdeutschland (Hg.), *Christen zwischen Wüsten und Oasen*, Stuttgart 1994, 4–5.

Mitri Raheb

Zur Demographie der Christen in Palästina/Israel

Zahlen und Fakten

a) Die Christenheit in Palästina (Westbank, Gaza-Streifen und Ost-Jerusalem)

Genaue Zahlen und Statistiken sind in Palästina immer nur schwer zu ermitteln. Das hängt mit der Politik der israelischen Besatzungsmacht zusammen, die bis jetzt die Veröffentlichung von jeglichen Informationen und Statistiken über die Bevölkerungszahlen in den Besetzten Gebieten und ihre geographische oder religiöse Verteilung untersagte.

Ist der Zugang zu offiziellen Statistiken versperrt, so bleibt man auf kirchliche bzw. private Angaben angewiesen. Diese Angaben sind jedoch mit Vorsicht zu behandeln: Einige Kirchen führen nämlich keine genauen Kirchenbücher, andere wiederum halten diese unter Verschluß.

Die Veröffentlichung von Zahlen hängt auch hier immer mit Interessen zusammen: kirchlichen, politischen oder sozialen. So spiegeln z.B. die Studien von Saul Colbi und Daphna Tsimhoni israelische Interessen wider.

Die Statistiken des Christlichen Informationszentrums in Jerusalem und die Studien des Al-Liqa-Zentrums basieren auf Interviews und Einschätzungen. Die letzten dieser Schätzungen stammen aus dem Jahre 1991.

Aufgrund all dieser Informationen ergibt sich das folgende demographische Bild für die christliche Präsenz in Palästina.

Die Anzahl der Palästinenser sowohl in ihrer Heimat als auch in der Diaspora wird heute auf zirka sechs Millionen Menschen geschätzt. Davon sind zirka 7,2 Prozent Christen (430 000), von denen leben wiederum 260 000 in der Diaspora, während die übrigen in Palästina und Israel wohnen.

Die Bevölkerung der Westbank, Ostjerusalems und des Gaza-Streifens wird auf zirka zwei Millionen geschätzt, die sich wie folgt verteilen:

Gebiet	Bevölkerung	davon Christen		
Westbank	1 Mio.	37 000	=	3,7 %
Gaza-Streifen	850 000	2 500	=	0,3 %
Ost-Jerusalem	150 000	11 000	=	7,3 %
Total	2 Mio.	50 500	=	2,5 %

Die geographische und konfessionelle Verteilung der einheimischen christlichen Bevölkerung ist wie folgt:

Stadt	griech. -orth.	kath.	griech. -kath.	syr. -orth.	prot.	andere	total
Jerusalem	3 500	3 900	500	250	850	kopt. 250 armen. 1 500 maron. + äth. 160	10 910
Bethlehem	2 133	2 934	480	902	310	armen. 40	6 799
Beit Jala	4 733	1 116	134	120	240	–	6 343
Beit Sahour	5 749	919	528	44	105	–	7 345
Birzeit	918	1 104	39	17	80	–	2 158
Ramallah	4 000	1 100	650	100	600	–	6 450
Jericho	256	164	81	22	12	–	535
Taibeh	722	872	166	–	–	–	1 760
Abud	536	443	10	–	28	–	1 017

Ein Ariq	211	117	–	–	–	–	328
Sababde	631	1303	125	43	150	–	2252
Jenin	169	327	41	–	–	–	537
Jiffna	272	369	8	–	–	–	649
Nablus	436	291	64	–	250	–	1041
Gaza	2207	210	22	–	–	–	2439

Was die regionale Verteilung der christlichen Bevölkerung in den Besetzten Gebieten anbelangt, so kann man sie wie folgt zusammenfassen:

Region	Anzahl	Prozentsatz
Jerusalem	10910	21,5
Bethlehem	21018	41,5
Ramallah	12362	24,4
Norden der Westbank	3829	7,6
Gaza	2479	5,0
Total	50598	100

Aufgrund dieser Informationen kann man sagen, daß die Mehrheit der palästinensischen Christen der Besetzten Gebiete im Zentrum der Westbank lebt, d.h. in einem Gebiet, das im Norden von Ramallah und im Süden von Bethlehem begrenzt ist.

Gleichzeitig kann aus den genannten Statistiken entnommen werden, daß die christliche Bevölkerung sich vor allem um die heiligen Stätten (Bethlehem bzw. Jerusalem) konzentriert und daß die überwiegende Mehrheit in den Städten und nur sehr wenige auf dem Lande leben.

In den letzten zwei Jahrzehnten wurde die Auswanderung christlicher Bevölkerung aus den ländlichen Gegenden, speziell in den Dörfern um Ramallah und im Norden bemerkt. Dies wird durch folgende Statistik deutlich:

Dorf	1920		1950		1993	
	Musl.	Chris.	Musl.	Chris.	Musl.	Chris.
Burqa	–	200	2 000	120	4 000	–
Jabba'	–	12	1 000	10	1 500	–
Beit Umrin	–	30	2 500	14	4 000	2
Nuss 'gibil	–	160	350	150	400	15
Sabastia	–	35	1 200	25	2 000	4

Auf der Basis der obenstehenden Statistiken sieht die konfessionelle Verteilung wie folgt aus:

Konfession	Mitgliederzahl	Prozentsatz
griech.-orth.	26 473	52,4
katholisch	15 168	30
griech.-kath.	2 848	5,6
protestantisch	2 443	5,2
syrisch	1 498	3
armenisch	1 500	3
koptisch	250	0,5
äthiopisch	60	0,1
Maroniten	100	0,2

Somit gehört die Mehrheit der christlichen Palästinenser vier Hauptkonfessionen an:

Griechisch-orthodox sind etwa die Hälfte der Christen in den Besetzten Gebieten. Von der anderen Hälfte sind etwa 60 Prozent katholisch und zirka 10 Prozent jeweils griechisch-katholisch und ebensoviele protestantisch.

Der prozentuale Anteil der Christen in den vorher genannten Städten und Dörfern verteilt sich wie folgt:

Stadt	Gesamt-bevölkerung	Prozentsatz der Christen
Taibeh	1 400	91
Beit Sahour	9 000	83
Beit Jala	9 000	70
Bethlehem	24 000	40
Ramallah	15 000	32,8
Ost-Jerusalem	150 000	7,3
Jericho	10 000	5
Gaza	850 000	0,3
Nablus	125 000	0,5

b) Die Christen in Israel

Das israelische Statistikbüro veröffentlicht jährlich Statistiken über die Bevölkerungsanzahl in Israel und ihre geographische und religiöse Verteilung.

Aus den Statistiken des Jahres 1991 lassen sich folgende Angaben entnehmen, wobei anzumerken ist, daß jeweils Ost-Jerusalem und die Golan-Höhen miteinbezogen wurden.

Die Gesamtbevölkerung Israels 1991 betrug 4 821 700; sie verteilt sich wie folgt auf die Religionsgemeinschaften:

Juden	3 946 700
Muslime	767 700
Christen	114 700
Drusen und andere	82 600

Somit lag der Prozentsatz der Christen in Israel bei 2,4 Prozent.

Die geographische Aufteilung der Christen in Israel:

Region	christliche Bevölkerung	Prozentsatz
Haifa	16 700	2,5
Norden (Golan und Akko)	67 100	8,3
Jaffa – Tel Aviv	7 600	0,7

Der Prozentsatz der Christen in den Städten und Dörfern:

Stadt	Gesamtbevölkerung	Prozentsatz der Christen
Haifa	45 900	3,6
Nazareth	78 000	29,0
Jaffa	150 000	2,5
Ibillin	7 100	53,0
Ramle	50 000	5,4
Ramat al-Jalil	6 000	65,0
Kufur Kanna	10.000	23,0
Al-Maghar	14 000	25,0
Shafa 'amer	21 000	33,0
'Isifya	7 900	16,0

c) Christen in Jerusalem

Die Stadt Jerusalem hat eine besondere Bedeutung für alle Christen, insbesondere aber für palästinensische Christen.

Schon sehr früh in der Geschichte sahen die Christen Jerusalem als das Zentrum der Welt an. Deswegen wurde Jerusalem früher im Zentrum von Landkarten der Welt als Ausdruck seiner Wichtigkeit plaziert. Als Beispiel dazu sei das Mosaik aus dem 6. Jahrhundert in der Kirche Madabas/Jordanien genannt. Aus dem gleichen Grund wurde neben der Grabeskirche eine Kirche errichtet, die den Namen »Das Zentrum der Welt« trägt, als Zeichen dafür, daß Jerusalem das Herz der Welt ist.

Jerusalem blieb im Herzen der Christen aller Hautfarben und Nationen. Viele pilgerten in diese heilige Stadt, getrieben von ihrer großen Sehnsucht.

In Jerusalem findet man eine konzentrierte christliche Präsenz, und zwar deshalb, weil sich in dieser Stadt, vor allem in der Altstadt, viele Kirchen niederließen. Die Angaben aus der ersten Hälfte dieses Jahrhunderts zeigen, daß aus dem gesamten Gebiet der Altstadt, das 927 Dunum (1 Dunum = 1000 m²) umfaßt, die Christen zirka 420 Dunum besaßen, d.h. 45 Prozent, während die Muslime 405 Dunum besaßen und die Juden 40. Die restlichen 62 Dunum waren in öffentlicher Hand.

Auch heute noch gibt es in Jerusalem zirka 100 Kirchen und Klöster unterschiedlicher Kirchenträger, 24 christliche Schulen und 47 christliche Wohltätigkeitsorganisationen und soziale Einrichtungen.

Jerusalem stellt auch das Verwaltungszentrum aller ansässigen christlichen Kirchen Palästinas dar, da in ihr die Patriarchate und Bistümer ihren offiziellen Hauptsitz haben. Jerusalem hat wahrlich eine besondere Stellung für die Christen und somit verdient sie den Titel einer »Heiligen Stadt«. Heilig sind nicht die Steine, sondern die Menschen und die geschichtlichen Ereignisse, die Jerusalem zu dem werden ließen, was es auch heute noch ist.

Heute ist zum ersten Mal die weitere Existenz der christlichen Palästinenser bedroht, wie folgende Statistik zeigt:

Jahr	*christl.* Bevölk.	*musl.* Bevölk.	*jüdische* Bevölk.	*total*
1931	19 000	20 000	54 000	93 000
1946	32 000	33 500	99 500	165 000
1967	10 800	60 500	196 500	267 800
1985	14 000	115 700	328 000	457 700
1992	15 000	137 300	392 200	544 500

Die obige Statistik zeigt, daß die Anzahl christlicher Palästinenser in Jerusalem 1946 bei 32 000 lag, d.h. 19,3 Prozent der gesamten Bevölkerung ausmachte. Ihre Anzahl müßte heute mindestens das Doppelte betragen, wenn man den normalen Bevölkerungszuwachs Palästinas zugrundelegt. Doch erschreckenderweise leben heute nur noch zirka 15 000 Christen in Palästina, davon sind zirka 9 000 Palästinenser, die restlichen sind ausländische Christen. Mit anderen Worten: Der Prozentsatz christlicher Palästinenser ist auf 2,7 Prozent gesunken, d.h., daß zirka 90 Prozent der christlichen Palästinenser in den letzten vierzig Jahren entweder Jerusalem verlassen haben oder ganz ausgewandert sind. Der israelisch-arabische Krieg im Jahre 1948 ist in diesem Zusammenhang besonders hervorzuheben, da er einen schweren Schlag für die Präsenz christlicher Palästinenser in Jerusalem bedeutete. In diesem Jahr wurden 88 Prozent der Christen Ost-Jerusalems vertrieben, die eine wichtige wirtschaftliche Schicht in der Stadt gebildet hatten.

Rafiq Khoury

»Unsere Kirchen sind keine Inseln«

Zur Identität der palästinensischen Christen[1]

1. Eine Minderheit

Bis auf eine kurze Zeitspanne ihrer Geschichte, vom 5. bis 7. Jahrhundert, sind die Christen des Heiligen Landes in der Minderheit gewesen, und das in einer Gesellschaft, in der die Religionszugehörigkeit eine wichtige Rolle spielt. Aber trotzdem – und das gereicht ihnen zur Ehre – ist es diesen Christen gelungen, zu überleben und dabei ihren Glauben zu bewahren.

Dennoch gibt es auch eine Kehrseite der Medaille. Diese Situation, als Minderheit zu leben, blieb nicht ohne starken psychologischen Einfluß auf diese Glaubensgemeinschaft. Er führte dazu, daß sie sich gegen die Außenwelt abschloß und den missionarischen Atem verlor. Je nach den Umständen neigte sie zur Isolation, zu Ängsten und – damit verbunden – zu allen möglichen Verfahren der Selbstverteidigung, zu Angst vor echter oder nur eingebildeter Verfolgung, zu Überheblichkeit oder Minderwertigkeitskomplexen, zum Streben nach Privilegien. Diese Gemeinschaft hat es anscheinend schwer, ihren Status als Minderheit anzunehmen.

Diese Minderheit wird durch Auswanderung bedroht, ja sogar ausgehöhlt. Das Phänomen der Auswanderung nahm gegen Ende des 19. Jahrhunderts seinen Anfang, in einer Zeit, als unter dem Druck besonders von materiellem Elend viele Menschen aus Palästina ihr Glück anderswo, vor allem in Lateinamerika suchten. Die Auswanderung war vor allem unter der christlichen Bevölkerung verbreitet. Eine politische, wirtschaftliche und soziale Stabilisierung hätte sie zum Stillstand bringen oder wenigstens auf ein normales Maß reduzieren können. Leider kam es nicht dazu. Die Lage Palästinas, besonders die politische Situation, hat seit der Jahrhundertwende mit ihren verschiedenen Phasen wachsender Spannungen diese Entwicklung zur Auswanderung nicht nur begünstigt, sondern im Gegenteil ihre Größenordnung auch noch dramatisch beschleunigt. Nur ein Beispiel: Jerusalem zählte 1948 bei der Gründung des Staates Israel 34000 Christen und Christinnen. Berücksichtigt man, daß die palästinensische Bevölkerung eine der höchsten Geburtenraten der Welt aufweist, hätte sich diese Zahl zumindest verdoppeln müssen. Tatsächlich beträgt sie aber zur Zeit nur ca. 10000 Gläubige. Die unaufhörliche Heimsuchung der christlichen Glaubensgemeinschaft im Heiligen Land durch diese erzwungene oder freiwillige Auswanderung läßt ihre Zukunft als sehr ungewiß erscheinen.

Zwei Versuchungen sind alle Minderheiten ausgesetzt: der Verschmelzung mit ihrer Umgebung oder der Isolation. Um ihre Eigenart und ihr ursprüngliches Wesen bewahren zu können, ohne sich aufzugeben oder sich abzusondern, muß die christliche Minderheit ständig auf der Hut sein und ist dazu aufgerufen, mit sich selbst zu Rate zu gehen. Ihr Auftrag und sogar ihre Fähigkeit, als lebendige und dynamische Gemeinde zu überleben, sind darin begründet.

2. Eine arabisch-christliche Minderheit

Diese Glaubensgemeinschaft, die religiös eine Minderheit ist, betrachtet sich in nationaler Hinsicht als zur arabischen Welt, d.h. zu dem geopolitischen Kulturgebiet gehörig, das sich vom Atlantik bis zum Arabischen Golf erstreckt. In der Tat sind die aus dem Heiligen Land stammenden Christen und Christinnen Araber und definieren sich als solche. Daß sie es sind, ist für die Christen des Heiligen Landes so selbstverständlich, daß sich für sie daraus keine echten Probleme ergeben. Eben diese Tatsache bleibt für andere christliche Gemeinden des Nahen und Mittleren Ostens dagegen problematisch. Es gilt fast sprichwörtlich, daß »das Christentum nicht arabisch, und das Arabertum nicht christlich«[2] werden kann. Trotz aller Schwierigkeiten, auf die dieses arabische Christentum in einer Region der Welt trifft, in der Religion und Staat gleichgesetzt werden, widerlegt die christliche Gemeinde des Heiligen Landes zusammen mit den anderen der arabischen Welt diese Behauptung!

Je nachdem, mit wem sie es zu tun haben, sind Christen und Christinnen mit einem dreifachen Problem konfrontiert, wenn sie zu der Tatsache stehen wollen, daß sie Araber sind, und vor allem, wenn sie als Araber leben wollen.

– Gegenüber der muslimisch-arabischen Mehrheit sehen sich die Christen genötigt, die Tatsache, daß sie Araber sind, nachdrücklich und mit allen Mitteln zu betonen, um akzeptiert zu werden und als »dazugehörig« zu gelten. Tatsächlich würde einer bestimmten Minderheit unter den Muslimen nichts besser ins Konzept passen, als bei jeder Gelegenheit an der Tatsache, daß auch die Christen Araber sind, zu zweifeln und daraus ihren Nutzen zu ziehen. Könnte eine solche Haltung nicht leicht dem ureigenen Wesen der Christen im Schoße der arabischen Welt Schaden zufügen, wenn sie gezwungen würden, ihre nationale Zugehörigkeit so sehr in den Mittelpunkt zu stellen, daß ihr Christentum, immerhin eine Komponente dieser Zugehörigkeit, gleichsam nur auf Sparflamme brennen dürfte?

– Gegenüber den Juden müssen sie wachsam sein, um ihre
Identität zu bewahren: Die Israelis haben es lieber mit
christlichen Gemeinden ohne eine bestimmte nationale
Zugehörigkeit zu tun, mit solchen, die eben einfach nur
christlich sind. Was versuchten die Israelis bei der gegenwärtigen Lage der Dinge nicht alles, um den Christen
einzureden, daß diese Ereignisse mit ihnen nichts zu tun
haben, ja, daß sie ihren eigenen Interessen sogar zuwi-
derlaufen! Solche Überredungsversuche machen die
Christen nur wütend. Aber in der Konfrontation mit
einem starken Israel, das weiß, was es will, sind die Christen versucht, sich dieser Erpressung zu beugen, weil sie
sich sonst allen möglichen Repressalien aussetzen, die
ihnen das Leben unmöglich machen können.
– Gegenüber den vielen Besuchern und Besucherinnen
aus dem Ausland schließlich, die in ihre Kirchen kommen (Christen wie sie, aber mit völlig anderem kulturellen, sozialen und politischen Hintergrund) erstarren die
Christen des Heiligen Landes oft in Furcht: Da ist die
Angst, ihr Bekenntnis zum Arabertum könnte den Verdacht wecken, sie seien fanatisch und chauvinistisch,
womit sie von vornherein abgestempelt würden.
Die Christen möchten aber nicht nur als Araber leben, sondern auch die palästinensische Komponente dieser Zugehörigkeit betonen. Diese Komponente zu beschwören,
heißt, sich sofort dem Palästina-Problem zu stellen, das bei
den Christen des Heiligen Landes Schuldbewußtsein weckt
und das Leben von Millionen Menschen betrifft.
Wie reagieren die Christen angesichts dieses Problems?
Zweifelsohne fühlen sie sich zutiefst solidarisch mit ihrem
Volk. Aber diese Solidarität ist eher spontan und gefühls-
mäßig. Das traditionelle Christentum, das sie kennen, lie-
fert ihnen kein Fundament, das politische und nationale
Engagement mit einer Vision des Glaubens zu verbinden,

die dieser Solidarität eine Richtung zu geben vermag. Nicht genug damit: Das Christentum, welches ihnen anerzogen wurde, hilft ihnen in seiner besonderen Form nicht, denn es ist ein Christentum, das der greifbaren gelebten Wirklichkeit fern bleibt. Wenn sie den geschützten Raum ihrer christlichen Schule verlassen, sehen sich die jungen Christen zu ihrem großen Erstaunen in der Universität oder in der Arbeitswelt mit einer Realität konfrontiert, die sie nach und nach in all ihrer Härte kennenlernen müssen. Wenn sie sich durch das, was sich um sie herum abspielt, gefordert fühlen, und sich im politischen Kampf engagieren wollen, so bleibt ihnen nichts anderes übrig, als sich einer der verschiedenen politischen Parteien zuzuwenden, wo sie dieses nationale Engagement nur gerade eben noch mit ihrem Glauben vereinbaren können, es nichts mehr mit ihrem Glauben zu tun hat oder ihr Glaube ihnen sogar im Weg steht. Wenn es ihnen dagegen am Herzen liegt, der ihnen überlieferten Religion treu zu bleiben, fühlen sie sich in eine neutrale Haltung gedrängt, die sie isoliert und aus der Gemeinschaft ausschließt.

Es war auffallend, daß sich während der Unruhen an den Universitäten die Schüler aus christlichen Schulen als erste zurückzogen und in ihren Häusern verschwanden: Ihre Solidarität war rein emotional und bewirkte nicht viel.[3]

Natürlich wäre es ungerecht, zu sehr verallgemeinern oder schematisieren zu wollen. Das katholische Schulwesen beginnt nämlich, sich diesen Fragen zu öffnen, nachdem unvoreingenommene Erzieher, die sich dieser Situation bewußt sind, recht schnell verstanden haben, worum es geht und welche Aufgaben sie in der erzieherischen Arbeit haben.

Tagtäglich stellt die politische Situation die christlichen Gemeinden vor Fragen der Identität. Seit Beginn der Intifada, die die palästinensische Gesellschaft nachhaltig prägt, hat sich die Zwangslage der Christen verschärft und ist mit mehr Angst besetzt. Wer sind wir? Was sollen wir tun? Was ist unsere eigentliche Rolle? Zwar haben sie gebetet, Geld gesammelt, an Demonstrationen teilgenommen, Glocken geläutet, aber sie wissen, daß die Geschichte vor den Augen einer Öffentlichkeit stattfindet, in der sie nur schwer ihren Platz finden. Es gab auch in ihren Reihen Tote, Verwundete, Gefangene, aber nicht aus dem Glauben heraus, sondern unter dem Einfluß verschiedener politischer oder ideologischer Bewegungen oder aus dem Bedürfnis nach Selbstverteidigung heraus, dem Bedürfnis, sich in einer Gesellschaft zu behaupten, in der sie leicht ausgegrenzt werden.

Leben wir in einer Gesellschaft, in der in den Augen der anderen keiner zu Hause ist? Man hat den Eindruck, daß die Christen von der Situation völlig überrascht worden sind und nicht wissen, was sie tun sollen. In einer so schwierigen Situation wenden sich die Christen ihren verschiedenen Kirchen zu, nur um voller Bitterkeit feststellen zu müssen, daß keine Stimme sich erhebt, zu ihnen zu sprechen, nicht einmal ein Wort der Ermutigung und der Hoffnung. Da die Kirchen nicht den Mut aufbringen, die bequeme Trägheit des Schweigens aufzugeben, sind sie sich selbst überlassen und ohnmächtig. Erst seit Beginn der Intifada lassen sich die Stimmen der Hirten, individuell oder in Gemeinschaft, hören.

3. Eine geteilte Minderheit

Das Heilige Land zeigt das traurige Schauspiel einer geteilten Christenheit. Man findet nebeneinander alle möglichen Glaubensgemeinschaften des Orients und des Okzidents, jede mit ihrem eigenen Lokalkolorit, ihrem Ritus, ihrer Tradition, ihrer Sprache, ihrem kulturellen Erbe; diese Situation erregt bei Pilgern, die die Situation nicht kennen, Verwirrung, wenn nicht Anstoß. Auch wenn diese Situation im Heiligen Land verständlich ist, wo jeder seinen Teil des Erbes will, ist es doch unbestreitbar, daß die christlichen Gemeinden unsäglich unter diesen verwirrenden Verhältnissen und unter dieser Teilung leiden. Sie rufen in ihnen ein Gefühl der Machtlosigkeit und der Demütigung hervor und schaden der Glaubwürdigkeit ihres Zeugnisses.

Natürlich kommt spontan die Frage auf, welche Rolle der ökumenische Gedanke bei den verschiedenen Religionsgemeinschaften spielt. Wenn man auch nicht wirklich von Ökumene sprechen kann, außer einer Ökumene auf protokollarischer Ebene, wenn etwa zu den großen christlichen Festen die Oberhäupter der verschiedenen Kirchen sich Höflichkeitsbesuche abstatten, so kann man doch immerhin zwei verschiedene Phasen in den Beziehungen zwischen den diversen Glaubensgemeinschaften unterscheiden. Deren erste herrschte bis zum II. Vatikanischen Konzil. Als Datum einer Wende kann der Besuch Pauls VI. im Heiligen Land benannt werden. Dieser Zeitraum wird durch eine negative, wenn nicht feindselige Stimmung geprägt: gegenseitige Verkennung, Vorurteile, Rivalitäten, sogar Feindseligkeit. Die Gründe dafür sind überwiegend allgemeiner Art und aus historischen Gegebenheiten bis hin zu den Ursprüngen jeder einzelnen Glaubensgemeinschaft herzuleiten. Zu diesen Gründen kommen weitere, nur auf das Heilige Land zutreffende hinzu: Auseinandersetzungen um die heiligen Stätten, der wirklich vorhandene oder nur unterstellte Bekehrungseifer der verschiedenen Kulturen, auf die sich die einzelnen Glaubensgemeinschaften etwas zugute halten, die Einmischung der ausländischen Mächte in das Leben und die Angelegenheiten der verschiedenen Glaubensgemeinschaften unter der osmanischen Herrschaft, die Entstehung von Glaubensgemeinschaften auf Kosten anderer.

Die zweite Phase läßt eine Verbesserung der Beziehungen zwischen den einzelnen christlichen Gemeinden erkennen. Tatsächlich lassen sich Anfänge einer noch vorsichtigen gegenseitigen Toleranz finden; diese Atmosphäre kann man allerdings nur als »passives Beieinander« bezeichnen: Es herrscht größere Achtung, aber jeder bleibt für sich und verstellt damit jeder noch so zaghaften Initiative eines echten Dialogs und wirksamer Zusammenarbeit den Weg. Eindeutig wird eine neue Zeit der Annäherung und der Zusammenarbeit in allen Glaubensgemeinschaften von den Christen und Christinnen an der Basis sehnsüchtig herbeigewünscht. Sie sehen sich mit politischen, sozialen, erzieherischen und seelsorgerischen Problemen konfrontiert, die für sie alle die gleichen sind, die aber die Möglichkeiten jeder einzelnen Gemeinschaft übersteigen und die daher nur gelöst werden können, wenn alle christlichen Gemeinden vor Ort sie gemeinsam angehen.

Diese neue Periode der Annäherung und der Zusammenarbeit ist im Entstehen. Mit Sicherheit wird sie sich in den kommenden Jahren intensivieren, neue kirchliche Strukturen bilden sich im Dienst dieser Zusammenarbeit. Wir können unter anderem die Schaffung der Versammlung der katholischen Bischöfe im Heiligen Land nennen, die alle katholischen Kirchen in Israel, den Besetzten Gebieten und Jordanien umfaßt; sie kommt regelmäßig zusammen, um gemeinsame Probleme zu besprechen und um die Bemühungen in den verschiedenen Bereichen des kirchlichen Lebens zu koordinieren. Es gibt jetzt Gründe, die immer häufigeren Zusammenkünfte der drei Patriarchen der Heiligen Stadt (des Lateinischen, des Griechisch-orthodoxen und des Armenischen) zu erwähnen. Diese Begegnungen, die bis vor kurzem rein protokollarischer Art waren, beginnen sich nach und nach in wirkliche Arbeitssitzungen zu verwandeln, in denen gemeinsame Probleme besprochen werden. Man muß anmerken, daß dieses Verlangen nach Annäherung und der Gemeinschaft sich auch auf die gesamte Region des Mittleren Ostens erstreckt und sich in stabilen Institutionen konkretisiert, deren wichtigste die folgenden sind: der Rat der Kirchen des Mittleren Orients (CEMO), der praktisch die Gesamtheit der Kirchen des Mittleren Ostens umfaßt;[4] die Versammlung der Katholischen Patriarchen des Orients seit 1990, die die sieben katholischen Patriarchen des Mittleren Ostens einschließt, die einen gemeinsamen Hirtenbrief mit dem Titel »Die Präsenz der Christen im Orient: Zeugnis und Mission« (Jerusalem 1992) veröffentlicht haben.

4. *Eine Christenheit mit Bezug zum Islam*

Diese Christen und Christinnen sind nicht nur Christen mitten unter Angehörigen des Islam, sondern auch Christen für den Islam in dem besonderen Sinn, daß der arabische Islam der Raum ihrer Berufung und ihrer Sendung ist. Sprache, Kultur, Lebensform, gesellschaftliche Tradition haben diese christlichen Gemeinden mit dem Islam gemeinsam, ihr Streben richtet sich auf die gleichen Ziele. Äußerlich kann man sie kaum voneinander unterscheiden. Hinzu kommt, daß Christen und Muslime sich in Palästina besser verstehen als überall sonst in der arabischen Welt, weil sie mehr gemeinsam haben, als die einen durch die anderen erlitten.

Zur Zeit läßt sich bei einem größeren Teil der christlichen Gemeinde an der Basis eine ausgeprägte Bereitschaft erkennen, mit der islamischen Umgebung in eine intensivere und echtere Beziehung einzutreten. Die Christen werden sich zunehmend der Tatsache bewußt, daß ein Christentum, das in seiner natürlichen räumlichen Umgebung lebensnah bleiben will, ohne den Bezug zu dieser Umgebung nicht auskommt. Es bilden sich Arbeitsgemeinschaften, nicht groß an Zahl, aber, mit Dom Helder Camara gesprochen, abrahamitische Minderheiten. Sie versuchen, die psychologischen, sozialen und religiösen Mechanismen zu analysieren, die im Unterbewußtsein ausgelöst werden, wenn die beiden Parteien einander gegenüberstehen. Auch hier hat die Jerusalemer Kommission »Justitia et Pax« vor einigen Jahren die Initiative zu einer Untersuchung ergriffen, als deren Ergebnis nach mehr als einem Jahr Arbeit eine Dokumentation »Muslime und Christen auf einem gemeinsamen Weg« vorliegt. Mit ihr sollen all die angesprochen werden, die sich den Fragen stellen und einen Beitrag dazu leisten möchten, daß die Auseinandersetzungen mit dem Thema einen greifbaren Inhalt erhalten und lebensnah verlaufen. An dieser Stelle soll auch die Initiative des Ökumenischen Instituts Tantur erwähnt werden, das seit 1983 unter der Leitung von Geries Khoury die »Konferenz des arabischen Erbes der Christen und Muslime im Heiligen Land« organisiert. Sie versammelt christliche und muslimische Intellektuelle zur Diskussion gemeinsamer Themen, zu denen beide Seiten Vorträge halten und über die dann mit den Teilnehmern diskutiert wird. Aus dieser Initiative ist inzwischen ein eigenständiges Institut mit dem Namen »Al-Liqa« entstanden, das im Nahen Osten selten, vielleicht einzigartig ist. Es hat sich in hohem Maß als fruchtbar erwiesen, um zwischen den beiden religiösen Glaubensgemeinschaften im Heiligen Land den Boden für eine bessere Verständigung und für mehr Dialog zu ebnen.[5]

Im Heiligen Land, wie überall in der islamischen Welt, nimmt die »islamistische Bewegung« mehr und mehr Raum ein und ruft in der christlichen Gemeinde Reaktionen der Furcht hervor. Man muß aber anmerken, daß diese Bewegung nicht grundlegend anti-christlich, sondern ein dem Islam eigenes Phänomen ist und eine virulente Reaktion auf Jahrhunderte der Frustration und Demütigung darstellt. Im Heiligen Land wird dieses Phänomen »à la palestinienne« gelebt, das heißt: verbunden mit der Sorge der nationalen Einheit, deren Wichtigkeit für die Palästinenser zum gegenwärtigen Zeitpunkt entscheidend ist. Aber sicherlich ruft dieses Phänomen Probleme hervor und steht in der Gefahr, sich zu verstärken, wenn keine gerechte und dauerhafte Lösung für das palästinensische Problem gefunden wird. Im Moment versuchen die Christen, sich mit diesem Phänomen, das sie beschäftigt, zu arrangieren, so gut es geht.

5. Eine christliche Gemeinde mit Berufung für die ganze Welt

Das Heilige Land ist nicht nur für Christen interessant, die von Geburt an dort leben, sondern auch für die Christen der ganzen Welt, die in ihm ihre eigentliche spirituelle Heimat sehen. Jedes Jahr wird das Heilige Land von Pilgern und Pilgerinnen in großer Zahl aufgesucht. Während ihres kurzen Aufenthaltes kann man sie als Gäste der Kirchen im Heiligen Land betrachten. Aber es gibt auch eine recht stattliche Anzahl von Christen aus allen Ländern, die sich das Heilige Land, einzeln oder als Gruppen, als den Ort ihrer Berufung und Sendung ausgesucht haben, sei es für immer oder für eine längere Zeit ihres Lebens.

Dies alles macht die Offenheit für die Welt als Ganzes zu einer spezifischen Berufung des Heiligen Landes, zu seiner eigentlichen Bestimmung. Es macht diese Öffnung auch zu einer besonderen Berufung der dortigen christlichen Gemeinde. Und dieses besondere Merkmal, weit davon entfernt, all die einzelnen Bestandteile einer Identität zu verfälschen, kann sie im Gegenteil nur bereichern.

Daraus folgt das Entscheidende, daß nicht unbedingt importierte Strukturen zu schaffen sind, um der mit diesem weltumspannenden Charakter verbundenen Aufgabe gerecht zu werden, sondern daß diese Aufgabe das Erbteil der einheimischen christlichen Gemeinde in ihrer eigenen Form sein muß, sich ihrer selbst allmählich bewußt werdend.

6. *Lebendige Gemeinde*

Im Okzident herrscht die Tendenz vor, die christlichen Gemeinden im Orient als Relikte der Vergangenheit anzusehen, die am Rande ihrer Gesellschaften leben. Die Realität widerspricht dem Vorurteil. Tatsächlich sind diese Kirchen lebendige Kirchen, die, ausgehend von ihrer langen und reichen Geschichte, weiter im Kontext ihrer Gesellschaft leben, mit einem erneuerten Atem, der sich an die historischen Realitäten anpaßt.

Besonders seit dem Krieg von 1967 wird in der christlichen Gemeinde über den Sinn ihrer Präsenz und ihres Zeugnisses in diesem Teil der Welt nachgedacht, der, wie man weiß, der Schauplatz eines der komplexesten Konflikte der Geschichte ist.

Reflektionsgruppen bilden sich, Initiativen werden in Angriff genommen, Stellungnahmen werden publiziert. Parallel dazu entsteht durch all dies eine neue Generation von Christen, eine Generation, die sich auf der einen Seite ihrer christlichen und kirchlichen Zugehörigkeit, auf der

anderen Seite ihrer nationalen und kulturellen Identität
mehr und mehr bewußt wird. Ausgehend von dieser Vision
eines inkarnierten Glaubens suchen diese palästinensischen Christen die Art ihrer Präsenz in ihrem Umfeld zu
definieren. Sie stellen eine große Hoffnung für die Zukunft
dar. Man muß hinzufügen, daß diese Bewegung seit einigen Jahren von der Hierarchie ermuntert und unterstützt
wird. Als ein Beispiel unter vielen kann man in diesem
Bereich die Aktivität des Patriarchen Michel Sabbah nennen. Seine Bibelauslegungen, seine Hirtenbriefe, deren
wichtigster der von Pfingsten 1990 mit dem Titel »Erbittet
für Jerusalem Frieden« ist, seine öffentlichen Stellungnahmen oder seine Initiativen ermuntern die Laien immer
mehr, aus ihrem Glauben heraus zu denken und zu handeln.

Trotz der Wunde der Auswanderung, die sie quält, und
der verschiedenen Schwierigkeiten, denen sie sich gegen-
übersieht, hat die Christenheit im Heiligen Land eine
Zukunft.

Sie wird im Lande Christi präsent und lebendig bleiben,
in der Originalität ihres Beitrags in einer Geschichte, der
anzugehören sie sich bewußt ist. So sei am Schluß ein
Abschnitt aus dem Hirtenbrief der katholischen Patriarchen des Orients mit dem Titel »Lebendige Kirchen«
zitiert:

»13. Unsere Kirchen stellen mit ihren Gläubigen keine
isolierten Inseln oder einen Fremdkörper dar, die am
Rande der Bewegung der Geschichte lebten. Sie sind
lebendige Kirchen, die am Strudel der Weltereignisse und
der regionalen Ereignisse beteiligt sind. Sie sind davon
betroffen, aber sie haben auch die Fähigkeit, selbst zu handeln. Unsere christlichen Gemeinden sind der Sauerteig,
der seinen natürlichen Platz im menschlichen Teig findet
(Mt 13,33). Sie stehen in ständiger Interaktion mit dem

Herrn, mit sich selbst und mit ihrem Umfeld. Sie stehen in Interaktion mit dem Herrn, um im Licht des Glaubens seinen Willen über sie zu entdecken. Sie stehen in Interaktion mit sich selbst, um ihren Aufforderungen, ihren Leiden und ihren Bedürfnissen zuzuhören. Inmitten von all diesem erlangen unsere Kirchen ihr eigenes Gesicht wieder, die Einzigartigkeit ihres Beitrags und ihre Authentizität, die durch das hohe Alter und eine unaufhörliche Erneuerung charakterisiert ist. An diesem entscheidenden Wendepunkt, den wir durchschreiten und der mit Ereignissen, Veränderungen und Herausforderungen für die weltweite, regionale und lokale Ordnung beladen ist, halten unsere Kirchen inne, um zu reflektieren und nachzudenken über die Erneuerung ihrer Treue zu Gott und den Menschen.«

Anmerkungen

[1] Entnommen mit freundlicher Genehmigung des Kulturvereins AphorismA, Jakobstraße 33, 54290 Trier, aus: Rafiq Khoury: Palästinensisches Christentum – Erfahrungen und Perspektiven, Trier ³1995 (Kleine Schriftenreihe des Kulturvereins Heft 7).

[2] Zu ihrer Überraschung entdecken die Christen des Heiligen Landes, daß vom 8. bis hin zum 14. Jahrhundert ein christlich-arabisches Schrifttum in allen Wissenschaften entstanden ist; der größte Teil davon liegt vorerst noch in Form von Manuskripten, Tausende an der Zahl, vor, vgl. Samir Khalil: »La tradition arabe chrétienne et la chrétiené de Terre Sainte«, Jerusalem 1981, S. 343 f. In einer Sammlung mit bisher 10 Bänden unter dem Titel »Patrimoine arabe chrétien« ist dieses Schrifttum zum Teil veröffentlicht worden. Für ihre Identitätsfindung wie für die Ergründung der arabischen Wurzeln der christlichen Gemeinde hat es sich als von größter Bedeutung erwiesen.

[3] Diese palästinensische Komponente wird von den arabischen Christen im Staate Israel noch einmal anders erlebt: Einerseits können sie sich nicht davon lossagen, zum palästinensischen Volk zu gehören und sich als ein wesentlicher Teil desselben zu fühlen, andererseits

leben sie nolens volens in einem real existierenden israelischen Staat und sind gezwungen, diese Tatsache anzuerkennen. Was ist zu tun? Sich integrieren? Auf unbestimmte Zeit Widerstand leisten? Ein Doppelspiel spielen: Treue dem israelischen Staat gegenüber und Zugehörigkeit zum palästinensischen Volk? Ist das nicht, im Augenblick zumindest, die Quadratur des Kreises? Das gleiche gilt übrigens für die im Staat Israel lebenden Muslime. Einen Ausweg aus dieser Krise kann vielleicht erst eine umfassende Lösung des Palästinaproblems zeigen.

[4] Katholische, orthodoxe (chalzedonische/nichtchalzedonische) und protestantische Kirchen.

[5] Die Protokolle dieser Konferenz werden regelmäßig in arabischer Sprache veröffentlicht. Seit 1992 erscheint auch zweimal jährlich ein englischsprachiges Magazin, das »Al-Liqa Journal«.

PAUL E. HOFFMAN

Zur politischen Situation in Palästina im 20. Jahrhundert

1. Bis zum Jahre 2000: Friede in Palästina?

Wird es am Ende des letzten Jahrzehnts dieses von Kriegen erschütterten Jahrhunderts Frieden in Palästina geben? Wird Friede in und um Israel sein? Hoffnung und Skepsis halten sich zur Zeit die Waage. Fest steht jedenfalls: Nach der Einleitung von »Glasnost« und »Perestroika« in der Sowjetunion und dem Ende des Kalten Krieges zwischen Ost und West, am Ende des Krieges zur Vertreibung des Irak aus Kuwait, kam es – in einem von den Vereinigten Staaten von Amerika und der Sowjetunion mühsam ausgehandelten internationalen Rahmen – am 30. Oktober 1991 zur Aufnahme von israelisch-arabischen Verhandlungen. Sie solten nicht nur zum Frieden zwischen dem jüdischen Staat Israel und den arabischen Nachbarstaaten, sondern auch zwischen israelischen Juden und arabischen Palästinensern im Lande Israel/Palästina führen. Die anschließenden israelisch-palästinensischen Verhandlungen, die formal im Rahmen der israelisch-jordanischen Verhandlungen in Washington durchgeführt wurden, schienen aber nach 20 Monaten und zehn Runden wieder in einer Sackgasse zu enden. Ende August / Anfang September 1993 wurde jedoch nicht nur eine erstaunte Welt, sondern vor allem das jeweils eigene Volk mit der Nachricht völlig überrascht, daß zwischen dem Staat Israel und der arabischen »Palästinensischen Befreiungsorganisation«

(PLO) eine Einigung zur friedlichen Beilegung des hundertjährigen Streites über »Erez Israel« / Palästina erzielt worden sei.

Nach dem Austausch von Briefen der gegenseitigen offiziellen Anerkennung zwischen Premierminister Yitzak Rabin, im Namen der Regierung des Staates Israel, und Yassir Arafat, Vorsitzendem der PLO, kam es schon am 13. September vor dem Weißen Haus in Washington zur öffentlichen Unterzeichnung der seit Anfang 1993 in geheimen bilateralen Verhandlungen in Oslo ausgearbeiteten Vereinbarung.

Die Einigung hatte die Form einer gemeinsamen Grundsatz- oder Prinzipien-Erklärung, wonach der ganze Palästina-Konflikt in zwei Etappen beigelegt werden sollte. Zunächst sollte es eine begrenzte palästinensische Autonomie in den seit 1967 besetzten Gebieten geben. Wichtige Fragen (die jüdischen Siedlungen in den besetzten palästinensischen Gebieten, die Jerusalem-Frage, der endgültige Status und die Grenzen der Gebiete) wurden für eine zweite Phase der Verhandlungen aufgehoben.

Verblüffung, Hoffnung und Skepsis mischten sich miteinander in beiden Bevölkerungen. Eine große Mehrheit unter den israelischen Juden wie auch unter den arabischen Palästinensern schien aber die Vereinbarung zu begrüßen. Seitdem kommen die Verhandlungen in Kairo zur Umsetzung der Prinzipien-Erklärung in Schritte praktischer Politik nur mühsam voran. Obwohl man mit »Gaza und Jericho zuerst« bereits begonnen hat und die PLO mit ihrem Vorsitzenden von Tunis nach Palästina (Mai/Juli 1994) umgezogen ist, wuchs die Zahl der Skeptiker und Gegner in beiden Lagern. Es ist gegenwärtig, trotz inzwischen erfolgtem Friedensschluß zwischen Israel und Jordanien, völlig unklar, ob der vielbeschworene, in Madrid eingeleitete »Friedensprozeß« tatsächlich zum Frieden mit allen arabischen Nachbarstaaten in Israel/Palästina selbst führen wird. Die jetzige gewalttätige palästinensische Opposition und die Gewalt predigende und provozierende israelische Opposition könnten am Ende beide siegen und den eingeleiteten Prozeß jäh und blutig beenden.

Ein Blick zurück auf die politische Situation in den jeweiligen Etappen des Nationalkonflikts zwischen Arabern und Juden in und um Palästina ist nötig, um die jetzige Auseinandersetzung zwischen Palästinensern und Israelis und jeweils unter ihnen zu verstehen, und um der Frage nach der Haltung der Christen im Lande und außerhalb des Landes in diesem Konflikt nachzugehen.

2. *Rückblick auf den Ursprung eines hundertjährigen Konflikts*

2.1 Palästina um 1900

Der Name »Palästina« bezeichnet das Gebiet an der Mittelmeerküste südlich vom Libanon und nordöstlich von der Sinai-Halbinsel. Erst in römischer Zeit bekam es diesen Namen, früher hieß es »Kanaan« und, nach Einwanderung der israelitischen Stämme bzw. nach Eroberung der kanaanitischen Städte durch sie, dann »Israel«. Die politischen Grenzen für Palästina wurden in den 20er und 30er Jahren dieses Jahrhunderts im Rahmen des Völkerbundmandats für Palästina festgelegt. Großbritannien verhandelte mit Frankreich (bezüglich Syrien und Libanon), mit dem Haschemitischen Königreich Transjordanien (bezüglich der Grenze am Jordan und bis zum Golf von Aqaba) und mit Ägypten (bezüglich der Abgrenzung vom Sinai) über die Grenzen. In diesem Sinne existierte Palästina um 1900 (noch) nicht als politische Größe, wohl aber als geographisches Gebiet. Zu Palästina im geographischen Sinne gehörte bis zur Grenzziehung der 20er Jahre auch das alte Siedlungsgebiet östlich des Jordans. Seit hellenistischer Zeit gehörte der Landstrich am Mittelmeer in einem weiten Sinn zu »Syrien«. Von 1517 an übten hier die osmanischen Türken von Istanbul die Oberherrschaft aus. Nach der Wiederherstellung türkischer Souveränität 1840/41 (nach zehnjähriger ägyptischer Herrschaft) wurden die nördlichen Teile des Landes bis zur Ablösung der türkischen Herrschaft administrativ von Beirut aus regiert. Auch wirtschaftlich bildete Palästina keine eigenständige Größe. Kulturell war Palästina trotz osmanisch-türkischer Herrschaft Teil der arabischen Welt. Um 1850 waren über 70 % der Bevölkerung sunnitische Muslime, 20 % Christen (hauptsächlich griechisch-orthodoxer Konfession oder mit Rom unierte orientalische Christen), 5 % (hauptsächlich orientalische und sephardische) Juden und einige Drusen.

In der zweiten Hälfte des 19. Jahrhunderts nahm mit der Schwächung des osmanischen Reiches und der Zunahme des Einflusses der europäischen Großmächte in diesem Raum die Zahl europäischer Einwanderer nach Palästina zu. Bedeutend für die Entwicklung des Landes in dieser Zeit waren z. B. die aus Württemberg stammenden apokalyptischen »Tempel«kolonien deutscher (früher zur evangelischen Landeskirche gehörigen) Protestanten. Kurz vor der Jahrhundertwende wuchs die Zahl der Armenier im Lande, die aus Transkaukasien, Anatolien und Kleinasien hierhin geflüchtet waren.

Auch die Zahl der aus Europa stammenden Juden stieg. Bedeutend für die weitere politische Entwicklung war die Gründung neuer, jüdisch-national gesinnter Siedlungen ab 1882 durch aus Rußland stammende Juden. Die erste Einwanderungswelle der national gesinnten »Rückkehrer« erfolgte zusammen mit der bewußten Neubelebung der hebräischen Sprache als Kultur- und Umgangssprache unter Juden im Lande. Die Auswanderung von Juden aus dem zaristischen Rußland hatte wirtschaftliche und soziale Gründe, die in den antijüdischen Pogromen im zaristischen Reich ihre politischen Wurzeln hatten. Zwischen 1880 und 1914 wanderten 2 Millionen russische Juden in die USA, 200 000 nach Großbritannien und 60 000 nach Palästina aus. Nicht alle in dieser Zeit nach Palästina einwandernden Juden kann man allerdings als jüdisch-national Gesinnte einstufen.

Das wachsende Nationalbewußtsein der europäischen Völker hatte in zunehmendem Maße auch die Juden Europas, vor allem die Juden Osteuropas, erfaßt. Dieses jüdische Nationalbewußtsein – und die damit verbundene Ideologie, »Zionismus« genannt – entwickelte sich nicht zuletzt als Antwort auf den immer stärker werdenden, zum Teil rassistisch begründeten Antisemitismus. Dieser brandmarkte und denunzierte die rechtlich emanzipierten, aber politisch, wirtschaftlich und sozial weitgehend noch nicht integrierten Juden als nichtassimilierten Fremdkörper, als eigenständiges, in einer christlichen Nation nicht assimilierbares Volk.

Auch begann eine bedeutende Minderheit von Juden die Integration der Juden der Diaspora in die Gesellschaften der europäischen Nationalstaaten in Frage zu stellen: Die von der französischen Revolution herrührende Konzeption der rechtlichen Emanzipation und Integration sei ein Irrweg. Eine Emanzipation sei nicht, wie die Tradition es haben wollte, durch das Kommen des Messias, sondern durch einen Prozeß der Selbstbefreiung zu erreichen. Diese jüdische Nationalgesinnung gipfelte in der 1896 erschienenen, inzwischen weltberühmten Broschüre des in Budapest geborenen, in Wien lebenden Journalisten Theodor Herzl »Der Judenstaat«. Es war der Versuch einer modernen Lösung der mit dem Aufkommen des antisemitischen Nationalismus in den Staaten Europas akut gewordenen »Judenfrage« durch Gründung eines eigenen jüdischen Nationalstaates. Das Erscheinen dieses Traktats und die damit in Gang gebrachte Diskussion ermöglichten die Einberufung des »Zionistischen Weltkongresses« (Basel 1897). Dieser formulierte das politische Ziel des jüdischen Nationalstrebens so: »die Schaffung einer öffentlich-rechtlich gesicherten Heimstätte in Palästina«, wobei »die zweckdienliche Förderung der Besiedlung Palästinas mit jüdischen Ackerbauern, Handwerkern (und) Gewerbetreibenden« in Aussicht gestellt wurde. Dennoch blieben in Europa (auch in Osteuropa) »die Zionisten« – d. h. die national gesinnten (im Gegensatz zu den traditionell gesinnten und den jeweils in den Nationalstaaten rechtlich und z. T. sozial integrierten) Juden – in der Minderheit.

Ideologische und politische Beratung und Unterstützung gerade für eine jüdische Rückwanderung nach Palästina und eine jüdische Staatsgründung dort erfuhren die jüdischen Zionisten von frommen evangelischen Chiliasten. Sie sahen in dem Gelingen dieses Vorhabens die Voraussetzung für die Wiederkunft Christi und das Anbrechen des in der Apokalypse des Johannes angekündigten tausendjährigen Reiches, eine Ideologie, die man inzwischen als »christlichen Zionismus« bezeichnet.

Infolge des Baseler Kongresses haben zionistische Juden in den verschiedenen Ländern – auch und vor allem bei den europäischen imperialistischen Großmächten – rege diplomatische, finanzpolitische und Kolonialisierungs-Aktivitäten entfaltet. Um Kolonisten für »Erez Israel« wurde geworben, z. T. mit dem Slogan: »Ein Volk ohne Land für ein Land ohne Volk«, was bestenfalls eine bewußte Ignorierung der Existenz und der Berechtigung der nationalen Zukunft der ansässigen Bevölkerungsmehrheit war. Die zweite Einwanderungswelle von Juden setzte ein. Ende des ersten Jahrzehnts dieses Jahrhunderts wurden mit Genehmigung der türkischen Behörden die ersten zionistischen, sozialistisch organisierten, auf wirtschaftliche Selbständigkeit angelegte Kolonien (Kibbutzim) mit Einwanderern vor allem aus Osteuropa errichtet. Aber auch traditionalistische, ja öffentlich antizionistische Juden wanderten ein. Auch in Palästina blieben bis zum Ersten Weltkrieg die Zionisten unter den dort lebenden Juden – inzwischen ca. 10 % der Gesamtbevölkerung – wohl in der Minderheit.

Was in osmanischer Zeit nicht erreicht werden konnte, war eine »öffentlich-rechtliche« Nationalgestalt für das jüdische Gemeinwesen in Palästina, die der Baseler Zionistenkongreß und der inzwischen weltweit organisierte Zionismus anstrebten.

Nicht so entwickelt und verbreitet, und bei weitem nicht so organisiert, war gegen Ende des 19. Jahrhunderts das arabische Nationalbewußtsein. Vor allem Intellektuelle mit westlicher Bildung und westlichen Kontakten vertraten einen säkularen arabischen Nationalismus, an dessen Entstehung und Zielsetzung arabische Christen einen erheblichen Anteil hatten.

Es war die Überzeugung der arabischen Nationalisten, daß die Araber – bestehend aus arabisch-sprachigen Muslimen, Juden und Christen verschiedener Überzeugungen, die weitgehend noch unter türkischer Herrschaft lebten – eine Nation bildeten. Geistiges Zentrum für die Verbreitung dieses Nationalbewußtseins wurde Beirut. Auch einige orientalische Juden schlossen sich dieser Bewegung an.

Der arabische Nationalismus verstand sich nicht nur zum herrschenden religiösen Sultanat in Istanbul und zum sich entwickelnden türkischen, persischen und kurdischen Nationalismus als Gegensatz, sondern auch zum ebenfalls aufkeimenden Nationalbewußtsein unter den christlichen Maroniten des Libanon und den Kopten Ägyptens, wie auch zum jüdischen Zionismus. Doch solange die türkische Herrschaft in dieser Region bestand, konnte sich der arabische Nationalismus politisch nicht entfalten.

Der Ausbruch des Ersten Weltkrieges im August 1914 leitete den politischen und sozialen Umbruch Europas und der ganzen Region des Mittleren Ostens ein. Die Juden Europas fanden sich als Bürger der jeweiligen Nationalstaaten auf beiden Seiten der Kriegshandlungen. Die Zionisten unter ihnen waren bezüglich der mittelfristigen Zielsetzungen und der Taktik uneinig, ob sie sich einen Sieg der Mittelmächte oder der Alliierten wünschten.

Frankreich, Großbritannien, Rußland und die USA erstrebten die Auflösung des Osmanischen Reiches und suchten Verbündete unter den unter türkischer Herrschaft und Souveränität lebenden Völkern. Deutschland suchte die Souveränität und territoriale Integrität des Osmanischen Reiches zu stützen und schickte Hilfstruppen nach Palästina. Großbritannien verstärkte seine Militärpräsenz in Ägypten.

Bereits 1915 hatte der Hochkommissar Großbritanniens in Ägypten dem haschemitischen Scherifen von Mekka, Hussein, die britische Unterstützung der arabischen Unabhängigkeitsbestrebungen zugesichert. Unklar blieb, ob Palästina Teil des geplanten großarabischen Staates sein sollte. Nicht vorgesehen war, daß bis zur (vorläufig) endgültigen Regelung die Haschemiten von ihrem Rivalen Ibn Saud und seinen Truppen aus Arabien vertrieben würden.

Im Sykes-Picot-Abkommen vom Mai 1916 verständigten sich Frankreich und Großbritannien im Prinzip darüber, wie Syrien, Transjordanien, Libanon und Palästina nach der Zerschlagung des Osmanischen Reiches aufgeteilt werden sollte. Zwei verschiedene arabische Staaten sollten entstehen: einer unter französischem Schutz nördlich des Yarmuk mit Zentrum Damaskus und einer unter britischem

Protektorat östlich des Jordan und südlich des Yarmuk. Der Libanon (mit dem Norden Palästinas) sollte unmittelbar Frankreich unterstellt werden. Um Akko und Haifa sollte eine britische Enklave entstehen. Zentralpalästina westlich des Jordan sollte unter gemeinsamen britischen, französischen und russischen Schutz gestellt werden.

Es waren dann allerdings britische Truppen, die Palästina im Dezember 1917 eroberten. Die Oktober-Revolution 1917 in Rußland, der russische Separatfrieden mit Deutschland und die Entstehung einer zunächst recht schwachen Sowjetunion bedeuteten, daß die tatsächlichen Siegermächte im Vorderen Orient – Großbritannien und Frankreich – die russischen Interessen in Palästina nicht mehr berücksichtigen mußten. Der Ausgang des Krieges sowie der Rückzug der USA nach dem Krieg aus der politischen Verantwortung für die Neugestaltung Europas und des Mittleren Ostens (»Isolationismus«) ermöglichten es, daß eine neue imperialistische Macht, Großbritannien, im Rahmen der Nachkriegsverhandlungen die Bedingungen für die Neuordnung Palästinas und die Weichen für die politische Entwicklung im Lande – und dadurch auch für die politischen Auseinandersetzungen um Palästina – stellte.

2.2 Palästina unter britischer Herrschaft (1917–1948)

Einige Wochen bevor die Truppen des englischen Generals Allenby Jerusalem einnahmen, am 2. November 1917, schrieb der britische Außenminister Lord Balfour an das Oberhaupt der Zionisten in Großbritannien, Lord Rothschild, einen Brief, dessen Wortlaut mit britischen Zionisten ausgehandelt und im Londoner Kabinett abgestimmt war und dessen Inhalt bis zum Frühjahr 1939 die britische Politik in Palästina bestimmten sollte:

»Die Regierung Seiner Majestät betrachtet mit Wohlwollen das Errichten einer nationalen Heimstätte für das jüdische Volk in Palästina und wird bemüht sein, die Durchführung dieses Vorhabens nach Kräften zu erleichtern, unter der ausdrücklichen Voraussetzung, daß nichts geschehen soll, was die bürgerlichen und religiösen Rechte der in Palästina bestehenden nichtjüdischen Gemeinschaften oder die Rechte und den politischen Status der Juden in irgendeinem anderen Land beeinträchtigen könnte. Ich wäre Ihnen dankbar, wenn Sie diese Erklärung zur Kenntnis der Zionistischen Weltorganisation bringen würden.«

Festzuhalten ist, daß hiermit von seiten Großbritanniens die Gründung eines jüdischen Staates in Palästina offensichtlich nicht beabsichtigt war bzw. nicht festgeschrieben werden sollte, wohl aber von einer Mehrheit der Zionisten gewünscht wurde, die hoffte, im Rahmen einer Kooperation die Verwirklichung dieser Politik vorantreiben zu können.

Festzuhalten ist auch, daß es ein nichtzionistischer Jude im Kabinett des liberalen (auch »christlich-zionistischen«, freikirchlichen) Premierministers aus Wales (David Lloyd George) war, der auf der Bedingung der Nichtbeeinträchtigung der Rechte der »nichtjüdischen Gemeinschaften« insistiert hatte. Palästina sollte offensichtlich nach Willen der britischen Regierung auch kein arabischer Staat werden, wohl aber sollten die Rechte der Muslime und Christen als Individualrechte und gegebenenfalls als religiöse Rechte gewahrt bleiben. Wie die Förderung der zionistischen Pläne und die Wahrung der Rechte der nichtjüdischen Bevölkerung in Einklang gebracht werden sollten, blieb eine offene Frage und Gegenstand der künftigen politischen Auseinandersetzungen.

In schwierigen Verhandlungen mit Frankreich, mit den zionistischen Vertretern und mit den Haschemiten, nicht aber mit Vertretern der einheimischen Bevölkerung, stimmte der Rat des neu gegründeten Völkerbundes dem Statut mit dem Wortlaut der »Balfour-Erklärung« über die Mandatsvergabe an Großbritannien zu, ebenso der Bitte Großbritanniens, das Statut nicht auf das Gebiet Transjordaniens anzuwenden. Nach dem Friedensschluß mit der Türkei im Juli 1923 trat das Palästina-Mandat an Großbritannien (zusammen mit dem Syrien- und Libanon-Mandat an Frankreich) am 29. September 1923 völkerrechtlich in Kraft. Die Briten waren bis dahin allerdings schon sechs Jahre im Lande, die Weichen waren längst gestellt und die Auseinandersetzungen hatten schon begonnen.

Bald nach dem Krieg setzte die dritte zionistische Einwanderungswelle aus Osteuropa ein. Radikale zionistische Kräfte versuchten schon 1919/20, eine bewaffnete »Jüdische Legion« auf die Beine zu stellen, die die zionistische Staatsgründung in Form eines Selbstschutzes der jüdischen Siedlungen im Norden des Landes vorbereiten sollte. Radikale arabische Kräfte versuchten ihrerseits, dies mit Waffengewalt zu verhindern.

Die palästinensischen Araber lehnten zwar grundsätzlich die britische Balfour-Politik ab, nicht aber das Vorhaben, daß Palästina – allerdings als arabischer Staat – eventuell in die Unabhängigkeit entlassen werden sollte. Nicht vorstellbar war, daß durch jüdische Einwanderung und Besiedlung des Landes Palästina zum jüdischen Staat werden sollte.

Es kam zu arabischen Ausschreitungen gegen Juden auch in Jerusalem. Diese nahmen die radikalen Zionisten nun ihrerseits als Begründung für die ersten konkreten Schritte zum Aufbau einer solchen jüdischen Selbstschutzorganisation, die auch einer eventuellen Übernahme der Polizeigewalt in einem jüdischen Staat dienen sollte. Gegen diese ging die britische Militärverwaltung aber nun ihrerseits strafrechtlich vor. Die Souveränität sollte klar in britischer Hand bleiben.

1920 wurde die britische Militärverwaltung von einer Zivilverwaltung unter dem Hohen Kommissar Sir Herbert Samuel, einem englischen Juden, abgelöst, der auf eine vorsichtige Verwirklichung der prozionistischen britischen Politik verpflichtet war. Diese Zivilverwaltung wurde zur Mandatsregierung, als das Mandat endlich in Kraft trat. Zunächst wurde von arabischer Seite eine Zusammenarbeit mit dieser vom britischen Militär unterstützten Verwaltung verweigert, ohne jedoch die Mandatsverwaltung als solche anzugreifen.

Die Gründungen neuer geschlossener jüdischer Siedlungen schritten voran, denen von arabischer Seite mit Argwohn begegnet wurde. Der Aufbau einer zionistischen Arbeiterbewegung und -organisation, die auch Hilfsgüter aus dem Ausland zum Aufbau des zionistisch-jüdischen Gemeinwesens (Jischuv) in Palästina verwaltete, diskriminierte grundsätzlich arabische Arbeit und die arabische Arbeiterschaft trotz ideologischer Solidaritätsbekundungen. Kommunisten spalteten sich von den Einrichtungen der Zionisten ab und suchten die arabischen Arbeiter für sich zu gewinnen und sie mit ihrer Propaganda gegen die arabischen Großgrundbesitzer zum Handeln zu bewegen. Es kam erneut im Mai 1921 zu arabischen Ausschreitungen gegen Juden, diesmal in Jaffa, nicht nur gegen neueingewanderte Bolschewiken, sondern auch gegen altansässige Orthodoxe.

Die »Araber-Frage« und die zukünftige politische Gestalt Palästinas stand für die Zionisten auf der Tagesordnung und wurde unter ihnen heftig diskutiert. Gemäßigte Zionisten wie Martin Buber forderten von den Zionisten ein Umdenken und schlugen den Aufbau eines »binationalen« Staates vor, was aber unter den Zionisten nicht akzeptiert wurde. Die Araber haben den Vorschlag nie ernsthaft aufgenommen. Die arabische Antwort auf die »Zionisten-Frage« schon zu Beginn der Mandatszeit war Ablehnung. Die Antwort der Zionisten auf die »Araber-Frage« war die Fortsetzung, wenn nicht noch konsequentere Durchsetzung der eingeschlagenen Politik. Ein Transfer von Bevölkerungen, wie etwa zwischen Griechenland und der Türkei, wurde von zionistischer Seite zwar erwogen, hätte aber nicht erreicht werden können. So zielte die zionistische Politik darauf, so bald wie möglich eine jüdische Mehrheit im Lande durch verstärkte jüdische Einwanderung zu schaffen und durch diese die Zukunft eines jüdischen Staates Palästina zu sichern.

Mitte der 20er Jahre kamen ca. 50000 neue jüdische Einwanderer, diesmal hauptsächlich aus dem neuentstandenen Polen mit seinem großen jüdischen Bevölkerungsanteil, ins Land. Dort hatten die Juden zwar einen rechtlich verankerten Minderheitenschutz, sie wurden aber dennoch von seiten der weitgehend antisemitisch eingestellten polnischen Mehrheit und der staatlichen Bürokratie diskriminiert und benachteiligt.

1929 gründete die zionistische Bewegung mit ausdrücklicher Genehmigung der britischen Mandatsmacht die »Jewish Agency (das Jüdische Büro) for Palestine«, die die jüdische Einwanderung und Besiedlung systematisch und tatkräftig betreiben sollte. Die Jewish Agency besteht heute noch als Körperschaft öffentlichen Rechts. Die Reaktion auf arabischer Seite war Empörung und Gewalt gegen Juden und jüdische Einrichtungen. Nach Streitigkeiten um die »Heiligen Stätten«, vor allem in Hebron, ist es zu Judenmassakern und schweren Zusammenstößen gekommen, wobei die jahrhundertealte jüdische Gemeinde dort vernichtet wurde. Eine britische Untersuchungskommission, die daraufhin eingesetzt wurde, empfahl mit wirtschaftlicher Begründung einen Einwanderungsstopp, eine Maßnahme, die nach Protesten der Zionisten und ihrer Freunde inner- und außerhalb Großbritanniens allerdings nicht in die Tat umgesetzt wurde.

Der nationalstaatliche Gedanke, der die Staaten Europas auf völkischer Basis neu ordnen wollte, erreichte seinen Höhepunkt in rassistischer Propaganda und in der rassistischen Politik des deutschen Nationalsozialismus. Dieser machte den Antisemitismus zur Staatsdoktrin und schloß prinzipiell die Angehörigen anderer Völker und Rassen vom Staate und von der Ausübung staatlicher Funktionen aus. Die Maßnahmen, die die Nazis unmittelbar nach der »Machtergreifung« 1933 beschlossen, setzten eine jüdische Auswanderungswelle aus Deutschland und eine neue jüdische Einwanderungswelle nach Palästina in Gang und förderten dadurch den Zionismus und seine Zielsetzung. Im Jahre der Machtübernahme der Nationalsozialisten in Deutschland wanderten über 30 000 Juden nach Palästina ein, etwa siebenmal soviel wie in den drei Jahren zuvor jährlich immigriert waren.

1936 erhob sich die arabische Bevölkerung Palästinas mit einem Generalstreik gegen die Juden und die britische Palästina-Politik, der in allgemeine Unruhen mündete und einer Rebellion nahekam. Die britische Regierung sah sich im Grunde außerstande, die doppelte Verpflichtung der Balfour-Erklärung, die sie bei der Übernahme des Palästina-Mandats vom Völkerbund bestätigen ließ, zu erfüllen, nämlich Unterstützung für das zionistische Projekt der Errichtung einer »Heimstätte« für Juden im Land der Väter und gleichzeitig die Garantie der Rechte der vorwiegend nicht-jüdischen, arabischen Bevölkerung. Die während des Generalstreiks eingesetzte Peel-Kommission sah die beiden Verpflichtungen als unvereinbar und daher als unerfüllbar an und schlug als Lösung eine Teilung des

Mandatsgebietes vor, von der sich die Regierung nach heftigen Protesten der Araber aber distanzierte.

Am Vorabend des Zweiten Weltkrieges, im Mai 1939, verabschiedete sich Großbritannien in einem »Weißbuch« – einer Darlegung künftiger Regierungspolitik – endgültig von einer Fortsetzung der Balfour-Politik. In diesem Weißbuch beschloß die britische Regierung zunächst eine starke Einschränkung der Einwanderung nach Palästina (und den völligen Stopp nach fünf Jahren) und die Erschwerung des Landkaufs durch Juden und kündigte die Unabhängigkeit Palästinas – also mit einer arabischen Mehrheit – nach zehn Jahren an. Zu dieser Politik wurde sie in der angespannten internationalen Atmosphäre offensichtlich gezwungen, um die inzwischen unabhängig gewordenen arabischen Staaten (und darüber hinaus die öffentliche Meinung der ganzen islamischen Welt) von einer Parteinahme für Deutschland und seine Verbündeten abzuhalten. Nach Kenntnis des Ausmaßes des nationalsozialistischen Judenmords muß man auch von nicht-jüdischer Seite die britische Entscheidung, die jüdische Einwanderung nach Palästina am Vorabend des Krieges einzuschränken, als höchst tragisch bezeichnen, auch wenn man vermuten muß, daß eine andere britische Entscheidung das Ausmaß der Judenvernichtung durch die Nazis nicht wesentlich hätte beeinflussen können.

2.3 Die gewaltsame Teilung des Landes 1947/48 und die Fortsetzung des Konflikts

Der Ausbruch und der Fortgang des Zweiten Weltkriegs stellte den nationalen Konflikt zwischen zionistischen Juden und nationalistischen Arabern um Palästina zunächst zurück. Im Laufe des Krieges verstärkte sich allerdings in beiden Lagern die Absicht, es notfalls nach dem Krieg auf eine bewaffnete Auseinandersetzung ankommen zu lassen.

Der politische Konflikt entzündete sich erneut unmittelbar nach Kriegsende. Die Zionisten bestanden darauf – und bekamen dabei moralische Unterstützung von denjenigen, die Entsetzen bei der Wahrnehmung des nationalsozialistischen Judenmordes empfanden –, daß der Einwanderungsstopp nach Palästina für Juden, vor allem für Überlebende des Holocaust, aufgehoben würde. Radikale Gruppen unter den Zionisten waren entschlossen, die Errichtung des jüdischen Staates mit Gewalt gegen die Briten und die arabische Mehrheit – die immerhin noch zwei Drittel der Bevölkerung ausmachte – durchzusetzen. Radikale Nationalisten unter den Arabern waren bereit, mit Waffengewalt die Einheit und den arabischen Charakter Palästinas gegen die Absicht der Zionisten zu verteidigen.

Der Palästina-Konflikt wurde auf die Tagesordnung der neugegründeten Vereinten Nationen gesetzt, die die Oberaufsicht über die bestehenden Völkerbundmandate beanspruchten. In diesem Ausschuß der UN-Vollversammlung wurde unter aktiver Lobbyarbeit der Zionisten und deren Freunde ein neuer, den zionistischen Plänen näherkommender Teilungsplan diskutiert und angenommen und der Vollversammlung 1947 zur Abstimmung vorgelegt. Danach sollte Palästina in zwei demokratisch verfaßte Staaten, einen jüdischen und einen arabischen Teilstaat, aufgeteilt werden, wobei Jerusalem als internationale Stadt, die für Juden, Christen und Muslime gleich heilig ist, zu keinem der beiden Staaten gehören sollte. Zusammen mit Jerusalem sollte dennoch Palästina als wirtschaftliche Einheit bestehen bleiben. Da die Briten bekannt gegeben hatten, daß sie in jedem Fall ihr Mandat aufgeben würden, wurden die Modalitäten für deren Abzug festgelegt. Eine Kommission der UN sollte für die praktische Umsetzung des Teilungsplanes eingesetzt werden. Eine Befragung der Bevölkerung Palästinas über den Plan war nicht vorgesehen. Eine

Mehrheit der zionistischen Aktivisten befürwortete den Teilungsplan, die überwiegende Mehrheit der Araber lehnte den Plan rundweg ab.

Ein Blick auf die demographische Zusammensetzung der beiden Teilstaaten läßt erkennen, warum die arabische Bevölkerung die vorgesehene Teilung des Landes abgelehnt hatte. Im jüdischen Teilstaat in der Küstenebene, in Untergaliläa und im Negev schuf der Teilungsplan eine jüdische Mehrheit (55%) und eine arabische Minderheit (45%), wobei diese Minderheit ständig zugunsten der Realisierung des zionistischen Projekts überstimmt werden konnte. Das Verhältnis zwischen Arabern und Juden im arabischen Teilstaat (das Hochland des ehemaligen Judäa und Samaria, Obergaliläa und Gaza) war 95% zu 5%, was die Verwirklichung des zionistischen Projekts dort permanent verhindert hätte und dazu führte, daß ein Teil der Zionisten – die »Revisionisten« – den Teilungsplan ebenfalls ablehnte.

Mit der aktiven Unterstützung der USA und der Sowjetunion stimmte die UN-Vollversammlung am 29. November 1947 dem Teilungsplan zu: 33 gegen 13 bei 10 Enthaltungen (darunter Großbritannien). Als das Ergebnis der Abstimmung bekannt wurde, kündigte Großbritannien seine Entscheidung an, bis zum 15. Mai 1948 seine Truppen aus Palästina zurückzuziehen. Eine bürgerkriegsähnliche Situation entstand, die sich um so heftiger entwickelte, je näher der endgültige Abzugstermin heranrückte. Der Beauftragte der UN, der schwedische Graf Bernadotte, der zwischen den verfeindeten Volksgruppen vermitteln sollte, wurde von zionistischen Extremisten ermordet. Mit der gewaltsamen Teilung des Landes wurde begonnen, noch bevor die Briten das Land verlassen hatten. Zionistische Juden versuchten mit Waffengewalt, die Macht in den von der UN-Vollversammlung den Juden zugesprochenen Teilen des Landes und in Jerusalem zu übernehmen und arabische Nationalisten versuchten, dies mit Waffengewalt zu verhindern. Es gab keine rechtliche Machtübertragung von den Briten auf Juden oder Araber. So begann eine seit Ende 1947 nun andauernde militärische Auseinandersetzung um das Land. Sie wurde zuerst von arabischer Seite gesucht, da das Recht einer uneingeschränkten jüdischen Einwanderung, das Recht des uneingeschränkten jüdischen Bodenerwerbs und das Projekt der Errichtung eines jüdischen Staates in Palästina grundsätzlich abgelehnt wurden. Daran hatte die Abstimmung in der Vollversammlung der UN nichts geändert. Die Teilung des Landes wurde prinzipiell als illegitim angesehen, da Palästina als ganzes ein arabisches Land sei. Hier hatten die palästinensischen Araber die Unterstützung der anderen arabischen und islamischen Staaten. Bei dieser Haltung auf arabischer Seite sahen sich auch gemäßigtere Zionisten gezwungen und legitimiert, ihrerseits mit Waffengewalt die Teilung des Landes durchzusetzen.

Am 14. Mai 1948 wurde in Tel Aviv unter ausdrücklicher Berufung auf die Balfour-Erklärung, das Völkerbundsmandat und den UN-Teilungsbeschluß der Staat »Israel« in den von Juden kontrollierten Teilen Palästinas ausgerufen. Am nächsten Tag begann ein offener Krieg, in dem fünf arabische Staaten – Ägypten, Transjordanien, Libanon, Syrien und Irak – Krieg gegen den neugegründeten Staat Israel erklärten und der palästinensischen Bevölkerung in ihrem Kampf gegen die Zionisten militärisch zu Hilfe eilten. Der neugegründete Staat gewann den Krieg um die »Unabhängigkeit Israels« mit Hilfe ausländischer Unterstützung, vor allem Waffenlieferungen. 1949 endete er auf Druck aus dem Ausland durch Waffenstillstandsabkommen, die durch Vermittlung der UN zustandegekommen waren.

Infolge der arabischen Niederlage beim Versuch, die Teilung Palästinas und die Entstehung des jüdischen Staates zu verhindern, entstanden demographische und politische Veränderungen in der ganzen Region. Der jüdische Staat verfügte nun über ein zusammenhängendes Gebiet, das ganz Galiläa umfaßte und um 5700 qkm größer war, als ihm im UN-Teilungsplan zugesprochen wurde. Zwischen 600 000 und 760 000 arabische Palästinenser waren aus den jetzt zu Israel gehörenden Gebieten geflohen oder vertrieben worden und lebten nun in Libanon, Syrien, Transjordanien oder in den palästinensischen Gebieten, die unter ägyptischer und transjordanischer Militärverwaltung standen. Im Dezember 1948 wurde West-Jerusalem vom Staat Israel offiziell annektiert und zur Hauptstadt Israels erklärt. Die Bevölkerung Israels wuchs durch die Einwanderung von Überlebenden des Holocaust und die aus arabischen Ländern vertriebenen, geflohenen oder angeworbenen Juden. Das arabische Palästina wurde, abgesehen vom Gaza-Streifen, der unter der Verwaltung Ägyptens bis 1967 stand, im Grunde aufgelöst. 1950 annektierte Transjordanien die später so genannte Westbank zusammen mit Ost-Jerusalem und der Altstadt, aus der die Einwohner des jüdischen Viertels durch die Arabische Legion während der Kampfhandlungen vertrieben worden waren und in der palästinensische Flüchtlinge lebten. Daraufhin wurde das Land in »das haschemitische Königreich Jordanien« umbenannt. Obergaliläa, das vorwiegend eine arabische Bevölkerung hatte und nach dem Teilungsplan zum arabischen Teilstaat Palästinas gehören sollte, von Israel aber erobert wurde, stand bis 1967 unter israelischer Militärverwaltung. Zur Konsolidierung des jüdischen Charakters des jüdischen Staates und zur Eingliederung der großen Anzahl der neu einwandernden Juden wurde der Besitz der vertriebenen und geflohenen Palästinenser übernommen und enteignet. Viele palästinensische Dörfer wurden während der Kampfhandlungen und eine noch größere Zahl danach zerstört und die Einwohner vertrieben, zum Teil als Bestrafung für geleisteten Widerstand, aber auch, um auf zionistischer Seite zunächst Fakten zu schaffen und den Charakter des neuen Staates zu unterstreichen. Dabei wurde in einem zum Teil bis heute andauernden Prozeß ein großer Teil des Bodens der im Staatsgebiet Israel gebliebenen Palästinenser (ungefähr 160000) ebenfalls enteignet.

Nach der Erfahrung des Holocaust stellte die Gründung und die erfolgreiche Selbstbehauptung des Staates Israel für die Zionisten die Krönung, wenn nicht Vollendung, ihres nationalen Bestrebens dar. Für die Palästinenser – vor allem für die Vertriebenen bzw. die Flüchtlinge, aber auch weitgehend für die in Israel verbliebene palästinensische Bevölkerung – waren die Staatsgründung Israels und die gewaltsame Teilung des Landes, der Krieg und seine Folgen die Katastrophe ihres nationalen Daseins und bedeuteten ein Leben im Elend. Die Gründung des Staates Israel empfanden sie in den Worten einer 1994 erschienenen Studie der Ev. Mittelost-Kommission (EMOK)[1] als »Akt fundamentaler Ungerechtigkeit«. Mit diesem Grundempfinden bei den Palästinensern und mit der entsprechenden Angst bei den Israelis konnte kein dauerhafter Frieden zwischen Israel und den Palästinensern aufgebaut werden. Der Palästina-Konflikt wurde zum Dauerthema bei den Vereinten Nationen und flammte immer wieder in neuen Variationen militärischer Auseinandersetzungen auf.

Ein Wort noch über die palästinensischen Flüchtlinge. Inwieweit das israelische Militär für die Massenflucht der palästinensischen Bevölkerung aus den eroberten Gebieten verantwortlich war, ist umstritten. Unbestritten ist die Tatsache, daß das von der radikalen jüdischen Untergrundorganisation Irgun durchgeführte Massaker an den Dorfbewohnern von Deir Yassin (bei Jerusalem) die Massenflucht beschleunigte. Auf alle Fälle: Das arabische Verlassen des von den Zionisten beanspruchten Hoheitsgebietes kam den zionistischen Plänen zur Befestigung und zum Ausbau des jüdischen Staatswesens entgegen. Die meisten Flüchtlinge hatten nicht begriffen, was durch ihre Flucht geschah. Sie dachten, die Flucht sei eine vorübergehende Sache und bedeute nicht endgültiges Verlassen des Besitzes oder gar Verzicht auf das Land. In dieser Annahme wurden sie durch die Haltung säkularer und kirchlicher Hilfsorganisationen gestärkt. Spätestens mit der allgemeinen Weigerung Israels, die seit Ende 1948 von den UN von Israel geforderte Rückkehr der Flüchtlinge zu erlauben (oder ihnen den verlassenen Besitz zu kompensieren), wurde das palästinensische Flüchtlingselend im Nahen Osten zum dauerhaften politischen Problem, das bis heute einer politischen Lösung harrt.

Im Juni 1950 zählte die UNRWA, das UN-Hilfswerk für die palästinensischen Flüchtlinge im Nahen Osten, 960021 Palästinenser als registrierte Flüchtlinge, die in Lagern notdürftig untergebracht wurden. Die Flüchtlingslager bildeten dann den Nährboden für die allmähliche Entstehung der palästinensischen Befreiungsorganisationen, die von den verschiedenen arabischen Ländern gesponsort bzw. bekämpft oder kontrolliert wurden und untereinander rivalisierten. 1964 entstand die Dachorganisation, die »Palästinensische Befreiungsorganisation« (PLO), die die Anerkennung von der Arabischen Liga, der regionalen Organisation der arabischen Staaten, bekam.

Immer wieder entlud sich der Palästina-Konflikt in neuen militärischen Auseinandersetzungen, die Teil der gesamten Nahostproblematik und des Ost-West-Gegensatzes waren: Dazu gehörte die Suez-Krise 1956, in der Israel mit britischer und französischer Unterstützung wegen Ägyptens Nationalisisierung des Suez-Kanals die Sinai-Halbinsel vorübergehend besetzte, aber unter amerikanischem Druck wieder verlassen mußte. Auch der Juni-Krieg 1967, in dem Ägypten die militärische und politische Unterstützung der Sowjetunion bekam, muß im Licht des Ost-West-Gegensatzes gesehen werden. Der Krieg, provoziert durch die aggressive Haltung Ägyptens unter Präsident Nasser, wurde von Israel entfacht und, trotz des Eintritts Syriens und Jordaniens in den Krieg, von Israel – von vielen bewundert und für Israel selbst überraschend – auch militärisch gewonnen. Am Ende standen nicht nur erneut die ganze Sinai-Halbinsel, sondern auch der Gaza-Streifen und die Westbank (einschließlich Ost-Jerusalem und der Altstadt) sowie die strategisch wichtigen Golan-Höhen unter israelischer Besatzung. Zum ersten Mal seit der jordanischen Eroberung des jüdischen Viertels und der Vertreibung der Juden aus der Altstadt durften Juden an der Klagemauer in Jerusalem beten. Die Teilung Jerusalems wurde offiziell aufgehoben und die Stadtgrenzen zur Gründung neuer Siedlungen erweitert.

2.4 Ganz Palästina unter israelischer Herrschaft seit 1967

Der Ausgang des Sechs-Tage-Krieges 1967 bedeutete aber politisch keinen eindeutigen Sieg für Israel. Es mußte sich nach der Resolution 242 des Weltsicherheitsrates vom Herbst 1967 zum Abzug aus (den) besetzten Gebieten, nach Verhandlungen, verpflichten. Was der Krieg 1967 allerdings schuf, war eine Verschärfung der Auseinandersetzung mit den Palästinensern außerhalb Israels und den besetzten Gebieten. Die in der PLO vereinigten Gruppierungen bekräftigen ihre Ablehnung des Staates Israel und griffen verstärkt zu Maßnahmen zur Befreiung Palästinas, die sie als »militärisch« bezeichneten, die aber von Israel und dem Westen »terroristisch« genannt wurden. Der

Übergriff auf die israelischen Sportler bei den Olympischen Spielen 1972 in München war die spektakulärste dieser Maßnahmen, die die ganze palästinensische politische Bewegung in Mißkredit brachten.

Auch der Überraschungskrieg Ägyptens unter Präsident Sadat 1973 (der Oktober- oder Yom-Kippur-Krieg) brachte politisch und militärisch keine neue, sondern nur eine Pattsituation hervor. Zwar wurden die Kriegsparteien durch die UN zu Verhandlungen aufgerufen und Israel erneut zum Rückzug aus (den) besetzten Gebieten aufgefordert, eine Nahost-Konferenz kam dennoch nicht zustande. Inzwischen setzten sich nach dem Schock vom Oktober 1973 noch radikalere politische Kräfte in Israel durch. Der rechtsgerichtete Likud-Block gewann die Knesset-Wahlen 1977 und drohte mit der permanenten Beibehaltung aller im Juni-Krieg 1967 eroberten Gebiete. Der Jerusalem-Besuch Präsident Sadats (November 1977) und die Bemühungen des US-Präsidenten Carter in Camp David (September 1978) brachten zwar die israelische Räumung des Sinai und einen ägyptisch-israelischen Friedensvertrag. Aber die Auseinandersetzung mit den Palästinensern – ob innerhalb oder außerhalb Palästinas –, die die in Camp David vorgeschlagene Autonomie-Regierung für die Bewohner der besetzten Gebiete als endgültige Lösung der Palästina-Frage allgemein ablehnten, verschärfte sich.

Daran hat auch der israelische Eingriff in das Bürgerkriegsgeschehen im Nachbarland Libanon 1982 nichts geändert, obwohl er eine deutliche militärische Schwächung der PLO verursachte, die gezwungen war, ihre Aktionsbasis von Beirut nach Tunis zu verlegen. Er hat – wie die Ende 1987 in den besetzten Gebieten ausgebrochene Intifada (»Abschüttelung«) gezeigt hat –, lediglich das Zentrum der palästinensischen Befreiungsaktionen von außerhalb Israels nach innerhalb, in die besetzten palästinensischen Gebiete selbst verlegt. Die Intifada setzte der Hoffnung vieler liberaler Zionisten ein Ende, daß die schleichende Annexion der besetzten palästinensischen Gebiete, die der Likud-Block betreibt, schließlich von der palästinensischen Bevölkerung der besetzten Gebiete akzeptiert würde. König Hussein von Jordanien hat die palästinensische Selbstbestimmung durch seinen Verzicht auf die Zukunftsbestimmung der Westbank im August 1988 gefördert. Aber erst die Ausrufung eines palästinensischen Staates bei der Sitzung des Palästinensischen Nationalrates im November 1988 in Algier – ein Staat auf den von Israel zu räumenden palästinensischen Gebieten, über die aufgrund des UN-Teilungsbeschlusses mit Israel zu verhandeln wäre – hat die politische Grundlage geschaffen, auf der politische Verhandlungen geführt werden können.

Unsicherheit und Uneinigkeit in der israelischen Regierung haben zunächst die Möglichkeiten, die in den Beschlüssen von Algier steckten, ungenutzt gelassen. Es bedurfte neuer außenpolitischer Entwicklungen – die Veränderungen in der Sowjetunion und der Zusammenbruch des Sowjetimperiums, die Kuweit-Krise und der Golf-Krieg (1990/91) –, in denen auch neue internationale Initiativen fruchten konnten. Eine neue israelische Regierung wurde gewählt, was tatsächlich zu den seit Anfang 1993 stattfindenden Verhandlungen zwischen Israel und der PLO geführt hat.

3. Der Beitrag ausländischer Christen zu einer israelisch-palästinensischen Friedensregelung

Für die ausländischen Christen, die seit Jahren mit Sorge die Konfrontation der israelischen und palästinensischen Nationalisten um das Land Palästina/Israel verfolgen, gibt

74

es in der neuen, seit September 1993 eingetretenen politischen Situaion begrenzte, aber dennoch wichtige Möglichkeiten, zu einer echten, gerechten, umfassenden und dauerhaften israelisch-palästinensischen Friedensregelung beizutragen. Es geht hauptsächlich um die Vertiefung und Verbreitung des im Gang befindlichen israelisch-palästinensischen Dialogs.

Durch die Jahre hindurch haben sich Möglichkeiten des Dialogs zwischen ausländischen Christen und israelischen Juden auf der einen Seite und zwischen denselben Christen und palästinensischen Christen und Muslimen auf der anderen Seite ergeben, die heute genutzt werden können, um den israelisch-palästinensischen Verständigungsprozeß zu fördern. Bei diesem Verständigungsprozeß müßte u.a. die gemeinsame Aufarbeitung der noch sehr gegensätzlich aufgefaßten Geschichte des Landes und des ganzen Konflikts um Land, Bevölkerung, Staatswerdung, Rechte, Ansprüche eine wichtige Rolle spielen. Dabei müßte es um die Verarbeitung des von der jeweils andern Seite erlittenen wie auch um das der jeweils anderen Seite zugefügten Unrechts gehen. Wenn die erstrebte Friedensregelung Bestand haben soll, müßte für eine solche Aufarbeitung und Verarbeitung eine Breitenwirkung erreicht werden. Hier können ausländische Christen Gedanken, Zeit und Geld beisteuern, damit auf breiterer Basis israelisch-palästinensische Begegnungen, Konferenzen, Seminare, Untersuchungen und Initiativen zum Aufbau einer gemeinsamen palästinensisch-israelischen Zukunftsperspektive im Lande entstehen.

Der christlich-jüdische wie auch christlich-palästinensische Dialog darf sich nicht auf Kontakte nur mit Befürwortern des jetzigen Verhandlungsprozesses beschränken. Auch mit den Skeptikern und mit Gegnern muß gesprochen werden, damit heikle Probleme wie die Frage der palästinensischen Flüchtlinge aus den Jahren 1948/49, denen das Recht auf Wiederkehr nach Palästina immer noch vorenthalten wird, die Frage Jerusalems und die Frage der jüdischen Siedler in den palästinensischen Gebieten nicht aus taktischen Gründen aus dem Dialog ausgeklammert werden. Fragen nach der Einhaltung der Menschenrechte und dem Ausbau demokratischer und rechtsstaatlicher Verhältnisse auf beiden Seiten der entstehenden Grenzen – auch in bezug auf die palästinensischen Einwohner Jerusalems – gehören auch im jetzigen Stadium der Verhandlungen zum Dialog. Keine Frage darf als Tabu-Frage aus dem israelisch-palästinensischen und auch nicht aus dem christlich-jüdischen und christlich-palästinensischen Dialog ausgeklammert werden.

Nicht zuletzt gehört zu dem vielseitigen Dialogprozeß, an dem ausländische Christen sich beteiligen und der die israelisch-palästinensische Verständigung fördern könnte, auch die Frage des religiösen Hasses und des Rassismus, die im Antisemitismus und im Antiislam bei uns in Deutschland und in Europa virulent sind. Hierüber wollen unsere Dialogpartner im Nahen Osten sicherlich auch mit uns reden und von uns in Erfahrung bringen, was wir Christen tun, um religiöse Vorurteile und Rassismus zu bekämpfen. Aber auch: Nur wenn der religöse Haß und der Rassismus, die in den Nationalismen auch im Nahen Osten existieren, ebenfalls nicht verschwiegen, sondern aufgedeckt und offen bekannt werden, kann Hoffnung auf echte Verständigung und eine gemeinsame friedliche Zukunft in Palästina/Israel wachsen.

Anmerkung

[1] Hildegard Becker u. a., Der schwierige Weg zum Frieden. Der israelisch-arabisch-palästinensische Konflikt. Hintergründe, Positionen und Perspektiven, Gütersloh 1994.

Teil 2

Theologie im palästinensischen Kontext

Ulrike Bechmann

Die Verkündigung Gottes in der Erfahrung der Menschen

Eine kurze Einführung in die kontextuelle palästinensische Theologie

Kontextuelle palästinensische Theologie oder auch palästinensische Befreiungstheologie erlangt erst seit einiger Zeit in Deutschland etwas an Bekanntheit. Befreiungstheologie ist ein Terminus, der eher mit Lateinamerika verbunden wird, aber kaum mit Palästina. Gibt es angesichts der Vielfalt der Konfessionen in Palästina überhaupt eine Theologie, die mit dem Oberbegriff »palästinensisch« die unterschiedlichen Strömungen und theologischen Richtungen umfassen könnte?

Tatsächlich wäre bis vor wenigen Jahren so etwas nahezu undenkbar gewesen. Die Rivalitäten der Kirchen machten eine ökumenische Zusammenarbeit sehr schwierig. Doch in den Kirchen hat sich mit der politischen Entwicklung ein Wandel vollzogen, ein Wandel, der für eine kontextuelle palästinensische Theologie mit gemeinsamen Merkmalen überhaupt erst die Grundlage legt. Diese veränderten Umstände waren:

1. Arabisierung der Kirchen – neue Pastoral

Das Heilige Land war und ist Anziehungspunkt für ChristInnen aus aller Welt. Der in Palästina wirkende Klerus stammte meist aus anderen Ländern. Bei den protestantischen Kirchen kamen die Kirchenleitungen aus West-

79

europa, in der griechisch-orthodoxen Kirche aus Griechenland, die Franziskaner, die die lateinischen (röm.-kath.) Gemeinden an den Heiligen Stätten betreuten, setzten Ordensleute aus aller Welt für den Dienst in Palästina ein. Palästinensische Priester gab es nahezu in keiner Kirche.

Inzwischen fand jedoch eine Arabisierung der Kirchen statt. Damit ist gemeint, daß palästinensische Christen Theologie studierten und die Gemeinde- und Kirchenleitungen übernahmen. 1979 wurde der erste palästinensische lutherische Bischof ordiniert, 1988 der erste palästinensische lateinische Patriarch. Die Arabisierung hatte Folgen. Die jetzigen Gemeindeleiter kamen aus dem Volk der Gemeinde, sprachen ihre Sprache, teilten ihr Schicksal und kannten somit die Innenperspektive. Jetzt waren die Kirchen aber auch von den Gläubigen ganz anders gefordert, Antwort auf ihre drängenden Fragen der Existenzbedrohung und die damit zusammenhängenden Glaubensfragen zu geben.

2. Die Bibel und die Landfrage

Der Bibelbezug und die christliche Theologie bzw. Liturgie gerieten besonders nach 1967 in die Krise. Zu dem 1948 erlittenen Verlust der Heimat kam die Eroberung des Gazastreifens, der Westbank und Ostjerusalems. Eines der Hauptprobleme im Nahost-Konflikt, die Frage nach Land, verschärfte sich.

Der jetzt offensichtlich endgültige Verlust der Heimat, der Verlust an Boden durch die Konfiszierung des Landes sowohl in Israel als auch in den Besetzten Gebieten, die Errichtung von Siedlungen in den Besetzten Gebieten: all das wirft die Frage nach dem Land auf. Dazu kam der Verlust vieler Rechte der Palästinenser in den Besetzten Gebieten.

Die neuerliche Eroberung wurde aber in den Folgejahren, mehr noch als die Staatsgründung Israels, von biblischer Rechtfertigung begleitet. Sowohl in jüdischer als auch in christlicher Theologie gab es Strömungen, die Eroberung ganz Palästinas als Gottes Willen zu interpretieren. Die Gleichsetzung des modernen Staates Israel mit dem biblischen Volk Israel förderte das Verständnis, daß sich jetzt die biblische Landverheißung an das Volk Israel erfüllt habe. Fundamentalistische Bibelauslegungen hatten massive politische Konsequenzen für die Errichtung der Siedlungen und die Unterdrückung der Palästinenser, denen ihr Heimatrecht abgesprochen wurde.

Naim Ateek[1] beschreibt das Problem so: »Der Gott der Bibel, bis dahin der rettende und befreiende Gott, wird von den Palästinensern nunmehr als parteiisch und diskriminierend angesehen. ... Als Folge davon ist das Alte Testament sowohl beim Klerus wie bei den Laien ziemlich außer Gebrauch gekommen, und die Kirche war nicht in der Lage, mit seinen Zweideutigkeiten, Fragen und Paradoxa – insbesondere mit seiner direkten Anwendung auf die Ereignisse im Palästina des 20. Jahrhunderts – ins reine zu kommen. Die grundlegende Frage für viele Christen, gleichviel ob sie gestellt wird oder nicht, ist die: Wie kann das Alte Testament das Wort Gottes sein im Lichte der Erfahrungen, die palästinensische Christen mit seinem Gebrauch zur Stützung des Zionismus gemacht haben?«[2]

3. Die Gottesfrage – ein Gott der Gerechtigkeit?

Für die Palästinenser ergab sich ein *spezifisches* Theodizee-Problem: Wo ist Gott? Warum erlaubt Gott die Konfiszierung des Landes? Wie kann Gott für die Unterdrückung anderer in Anspruch genommen werden? Wo bleibt der Gott, der in der Bibel als Gott der Gerechtigkeit verkündet wird, als ein Gott, der sich den Unterdrückten und Armen zuwendet?

Diese drängenden Fragen, verbunden mit der zunehmenden Auswanderung besonders der christlichen Palästinenser, verlangte eine Antwort. Die Existenz der christlichen Gemeinden und ihr Glaube waren bedroht. So versucht die palästinensische kontextuelle Theologie, die christliche Botschaft im palästinensischen Kontext glaubwürdig zu verkünden.

Gemeinsamkeiten und Unterschiede

Was macht nun das Spezifische dieser Theologie aus, die in den verschiedensten Konfessionen weiterentwickelt wird? Der politische und religiöse Kontext spielt besonders in den Überlegungen zu einem Dialog mit den anderen Religionen im Land, Judentum und Islam, eine wichtige Rolle. Allen gemeinsam ist, daß sie Modelle der Ausgleichs zwischen Israelis und Palästinensern entwickeln, die in eine friedliche Zukunft führen. Grundlage dieses Friedens kann aber nicht die fortdauernde Ungerechtigkeit und Unterdrückung sein, sondern Gerechtigkeit, die zur Koexistenz zweier freier Völker in zwei Staaten führt. Damit bekommt die Landfrage Vorrang, die auch theologisch bedacht wird.

Alle lehnen die geschilderte landideologische Auslegung der Bibel ab. Sie versuchen, die Bibel genauer daraufhin zu befragen, wie die biblische Landnahme zu verstehen ist. Doch die Wege der Auslegung sind verschieden. Hier können nur andeutungsweise die Ansätze von Mitri Raheb, Naim Ateek und Elias Chacour vorgestellt werden.[3]

Mitri Raheb beschreibt[4], wie für ihn während seines Studiums in Deutschland die Bibel suspekt wurde. Kannte er bislang vor allem eine allegorische Auslegung, so traf er in Deutschland auf die bibeltheologische Rechtfertigung Israels. In Auseinandersetzung mit der und in Anwendung von historisch-kritischer Exegese ist Mitri Raheb von der deutschen protestantischen Theologie geprägt. Ein christlich-fundamentalistisches Schriftverständnis lehnt er ab. Er versucht, die Texte des Alten Testaments sozial-geschichtlich einzuordnen. Biblische Texte können demnach nur aus ihrem jeweiligen Kontext verstanden werden. Jede biblische Perikope ist aus einer bestimmten historischen Situation heraus verfaßt und will in diese Situation hinein sprechen. Ein angemessenes Verständnis der Bibel erreicht man nur, wenn man diese situative Entstehung berücksichtigt. »Nicht ›Gott an sich‹ ist das Thema der Bibel, sondern Gottes Kommen zu den Menschen und wie diese das Kommen erlebt haben.«[5] Biblische Wahrheiten sind subjektiv, als solche zu respektieren, als Zeugnisse menschlicher Erfahrungen mit Gott. So kommt man zur Eigenart und Gültigkeit biblischer Aussagen.

Wenn Gott als Gott der Gerechtigkeit verstanden wird, dann muß *auch* die Frage nach der Macht gestellt werden. Mächtige erhalten eine andere Botschaft als Ohnmächtige. Die Starken werden zur Gerechtigkeit aufgefordert, den Schwachen wird zu ihrem Recht verholfen. Beide Botschaften erhält das Volk Israel, je nachdem, ob es sich in einer Position der Stärke oder der Schwäche befand. Gott steht auf der Seite der Schwachen, denen ihr Recht gegeben werden muß! Aus diesem Ansatz heraus kommt Raheb zu einer Auslegung der Bibel in bezug auf Erwählung Israels und Landverheißung, die der wörtlich-fundamentalistischen Auslegung vom inner-alttestamentlichen Verständnis her selbst widerspricht.

Naim Ateek stellt ebenfalls die Frage nach dem authentischen Wort Gottes in der Bibel. Wie Raheb wendet er sich gegen eine fundamentalistische Bibelauslegung. Aber sein theologischer Ansatz ist anders. Für Ateek ist der Kanon, unter dem palästinensische Christen die Bibel lesen, Jesus Christus. Von ihm her definiert er die Einsicht in das Wesen Gottes und in seinen Charakter. Christus ist die Quelle des Wissens von Gott. Er ist das Gottesverständnis, das sich im Laufe der biblischen Geschichte herausgebildet hat. Damit ist für Ateek der Schlüssel zur Bibel Jesus Christus und für das Verständnis des Handelns Gottes auch über die Bibel hinaus.

»Mit anderen Worten, das in Jesus Christus Fleisch gewordene Wort Gottes legt uns das Wort Gottes in der Bibel aus. Um Gott zu verstehen, beginnt der palästinensische Christ wie jeder andere mit Christus, geht zurück zum Alten Testament, vorwärts zum Neuen und über beide hinaus. Dies wird für Christen zur Hauptprämisse.«

Mehr erzählerisch entfaltet *Elias Chacour* seine Theologie, indem er diese in seine Lebensgeschichte hineinwebt.[6] Wie Ateek geht er sehr stark vom Neuen Testament und von der Bergpredigt aus. Galiläa ist die Heimat von Elias Chacour und zugleich Ort der Auferstehung, die Heimat der Hoffnung. Die Botschaft an die Armen, die selig gepriesen werden, die Botschaft der Gerechtigkeit, die Feindesliebe, die aber nicht Ungerechtigkeit überdecken darf, sind für ihn der Schlüssel zur Verkündigung. Hierin zeigt sich bei ihm die Identitätsbezogenheit seiner Theologie auch in der erzählerischen Textform.

Ökumenische palästinensische Theologie

Schon vor der Intifada gab es Ansätze, angesiedelt bei dem Al-Liqa'-Zentrum, gemeinsame Konferenzen zu einer eigenen kontextuellen Theologie zu halten. Im Sommer 1987, ein halbes Jahr vor Beginn der Intifada, veröffentlichten die daran beteiligten TheologInnen und Laien ein Grundsatzdokument zu kontextueller Theologie. Vertreter aus den lateinischen, maronitischen, armenisch-orthodoxen, griechisch-orthodoxen, griechisch-katholischen und evangelisch-lutherischen Kirchen verabschiedeten dieses Basisdokument.[7] Dieses ökumenische Grundsatzdokument kann in seiner Bedeutung nicht hoch genug eingeschätzt werden. Die Jahrhunderte dauernde Feindschaft zwischen den Kirchen im Heiligen Land erreicht einen historischen Wendepunkt hin zu mehr Gemeinsamkeiten im theologischen Denken und im gemeinsamen Handeln. Die Unterschiede der Kirchen werden bleiben, aber sie wollen ein gemeinsames Zeugnis als ChristInnen in ihrem Kontext ablegen. Höchst interessant ist, daß die Ansätze zur Ökumene erst möglich sind, seitdem die ChristInnen ihre Identität als palästinensisch-arabische ChristInnen im Glaubensleben und in ihrer Theologie verankern. Diese Inkulturation des Glaubens erreicht die Wurzeln christlicher Existenz, die sogar so massive Gegensätze, wie sie im Heiligen Land jahrhundertelang ausgeprägt waren, in den Hintergrund treten lassen können und zu gemeinsamem Handeln befähigen. Wie bei ähnlichen Glaubenserfahrungen und Theologien in anderen Ländern zeigt sich auch hier: Kontextualisierung gibt es nicht ohne Inkulturation in dem Sinn, daß sich Gläubige in einem konkreten Land ihrer eigenen kulturellen Identität und Kraft bewußt werden und diese mit ihrer Gottesbeziehung in Verbindung bringen. Sie wollen Gott begegnen als diejenigen, die sie wirklich sind: ganzheitlich in ihrem biographischen und kulturellen »Gewordensein«.

Die Intifada, die kurz nach der Veröffentlichung dieses Grundsatzdokuments begann, zwang auch die christlichen

Gemeinden zu einer Stellungnahme. Die gemeinsamen Ansätze machten es möglich, daß am 22.1.1988 die Kirchenführer erstmals gemeinsam politisch Stellung nahmen und zu einem Frieden aufriefen, der Gerechtigkeit für das palästinensische Volk bringt. Ihr Einsatz für die palästinensischen Gemeinden hat seitdem immer mehr Gewicht bekommen. Die Gemeinden solidarisierten sich auch untereinander etwa bei den Auseinandersetzungen um Landkonfiszierungen zum Bau neuer Siedlungen und versuchen, in ihrem Einsatz deutlich werden zu lassen, daß die Verkündigung von Gottes Gerechtigkeit und Barmherzigkeit Konsequenzen für ihr Handeln hat.

Anmerkungen

[1]   Naim Ateek, Recht, nichts als Recht. Entwurf einer palästinensisch-christlichen Theologie, Fribourg/Brig 1990.

[2]   A.a.O., 106 f.

[3]   Die drei Theologen wurden gewählt, weil von ihnen Schriften in deutscher Sprache erschienen (vgl. Anmerkungen). Vgl. dazu Thomas Damm, »Palästinensische Befreiungstheologie«. Annäherung und Würdigung aus der Sicht eines deutschen Theologen. Mit einem Vorwort von Dr. Mitri Raheb, Bethlehem, hg. von Kulturverein AphorismA, Kleine Schriftenreihe H. 5, Trier 1993; H. Suermann, Palästinensische Theologie im Zeitalter der Intifada, in: Oriens Christianus 78, 1994, 104–122.

[4]   Mitri Raheb, Ich bin Christ und Palästinenser. Israel, seine Nachbarn und die Bibel, Gütersloh 1994.

[5]   A.a.O., 85.

[6]   Elias Chacour, Auch uns gehört das Land. Ein israelischer Palästinenser kämpft für Frieden und Gerechtigkeit. 3. völlig überarbeitete Ausgabe von »Und dennoch sind wir Brüder«, Frankfurt 1993.

[7]   In deutsch veröffentlicht in »Im Lande der Bibel« Nr. 1/1992, 12–23, hg. vom Berliner Missionswerk.

OTTMAR FUCHS

Kontextuelle Theologie: verwurzelt im Lebens- und Leidenszusammenhang der Kulturen

1. Hinführung

Ehrfurcht ist für mich eine, um ein schon altertümliches Wort zu gebrauchen, wichtige »Tugend«: Ehrfurcht dem eigenen Lebensgeschenk gegenüber, Ehrfurcht vor allem Leben, vor den Menschen, auch den »Anderen«, vor der eigenen Kultur und anderen Kulturen gegenüber, vor der eigenen Religion und anderen Religionen gegenüber. Eine solche Ehrfurcht hat mit der Ehrfurcht des siebten Schöpfungstages zu tun: Und Gott sah, daß es gut war! Auch die Sünde in allem Leben schmälert nicht diese Ehrfurcht vor dem Leben. Denn Gott selbst wertet die sündige Existenz von Mensch und Welt nicht ab, sondern umfängt sie mit seiner voraussetzungslosen rechtfertigenden Gnade und versetzt sie auch in diesem Status in einen bedingungslosen Lebensschutz.

Was der Weltgebetstag der Frauen seit über hundert Jahren tut, ist für mich ein beeindruckender Vollzug dieser Ehrfurcht, und zwar mit einer dreifachen Dimension: einmal als intensives Hinhören, dann als solidarisches Mit- und Für-Beten und schließlich als diakonisches Handeln und Helfen – das alles jährlich bezogen auf ein bestimmtes Land.

In der zeitgenössischen Theologie vieler Länder und Kirchen wird eine solche Ehrfurcht seit einigen Jahren unter den Begriffen »kontextuelle Theologie«, »Inkulturation« und »interkulturelle Kompetenz« mit der Option thematisiert: Jedes Land[1] hat ein Anrecht auf einen ureigenen und unverwechselbaren christlichen Selbstvollzug. Jedes Land hat zugleich ein Anrecht auf eine paritätische Begegnungskultur mit den Kirchen anderer Länder. Und jede Kirche in einer kulturellen Einheit hat ein Anrecht, in ihrer eigenen Existenz, in ihrem Lebens- und Freiheitsraum, geschützt zu werden.

Meine Hoffnung ist: Je mehr ich hier versuche, zu diesem Thema der kontextuellen Theologie einige Überlegungen beizutragen, desto mehr kann vielleicht in unserem theologischen Diskurs selbst, also von unseren eigenen theologischen Ressourcen her, etwas für den Aufbau der gegenseitigen Achtung getan und für die bitter nötige Bereitschaft zur Ehrfurcht geweckt und gestärkt werden:[2] Ganz im Gegensatz zu unzähligen »theologischen« Diskursen, die zur Legitimation hegemonialer, chauvinistischer und rassistischer Verhältnisse bzw. Aktionen dienten und dienen.

Die Auseinandersetzung um die Weltgebetstagsordnung[3] von seiten der Palästinenserinnen im Jahr 1994 hat mich aus verschiedenen Gründen tief bewegt.[4] Ein Grund ist, daß dabei nicht nur für die jeweils Betroffenen, sondern gerade auch theologisch viel auf dem Spiel stand und steht. Eben darauf möchte ich im folgenden näher eingehen, in verschiedenen Anläufen, die strahlenförmig auf das immer wieder gleiche Zentrum zusteuern, ohne dies jeweils explizit mit dem Palästinakontext in Verbindung zu bringen. Die jeweiligen Konsequenzen ergeben sich in entsprechenden Analogieschlüssen.

Der Begriff der »kontextuellen Theologie« hat Konjunktur; und mit seiner anwachsenden Häufigkeit kommt er auch in Gefahr, zu einem immer größeren Dachbegriff zu werden und dabei sein klärendes Profil zu verlieren. Wenn ich hier als Christ, der Katholik, Europäer und Deutscher ist, nach einem präziseren Verständnis dieses Begriffes suche, dann darf ich im Vollzug dessen Anliegen nicht übersehen: Mein Verständnis von Kontextualität ist selbst wieder durch meine faktische Kontextualität vermittelt und begrenzt, hat also selbst Anteil an dem, was es zu erörtern gilt. Andere Theologien und Kirchen in anderen Kontexten werden auch andere Erfahrungs- und Verstehensnuancen beanspruchen. Aber das ist ja schon die erste Einsicht: daß sich theologisches Denken auch dann lohnt, wenn es nicht in flächendeckender Abstraktion allgemein gültig ist, sondern sich als Vergewisserungsangebot an die »Anderen« versteht.

Unter Kontext versteht man im sozialwissenschaftlichen Bereich ein Kollektiv, eine Gruppe, eine Umgebung bzw. Umwelt, ein Milieu oder eine soziale Einheit. Solche Kontexte gibt es in allen Größenordnungen: vom Kontext der Familie über den eines Stadtteils bis hin zu Kontexten oder Milieus der Arbeitswelt und schließlich eben auch im Bereich größerer kultureller und nationaler Bevölkerungen, sei es geographisch nebeneinander, sei es in der multikulturellen Kombination[5] einer gesellschaftlichen Einheit selbst.[6] Wichtig ist dabei folgende Einsicht: »Die semantische Bedeutung des Wortes Kontext verweist darauf, daß ein Zusammenhang besteht. Dieser Zusammenhang besteht zwischen dem Individuum und der Umgebung.«[7] Ich kann hinzufügen, zwischen Gläubigen und ihrer Kultur, zwischen Kirchenbildungen und ihrer sozialen Umgebung. Wichtig ist dabei, »daß Kontext nicht nur die Umgebung bezeichnet, sondern eine Beziehung zwischen Umgebung und Individuum.«[8] Es geht also genau um dieses Verhältnis zwischen individuellen und sozialen Glaubensexistenzen auf der einen und ihrer Lebenswelt auf der anderen Seite.

Theologisch wird diese Beziehung in der Theologie des II. Vatikanums mit dem Vorgang identifiziert, die »Zeichen der Zeit« zu erkennen. Diese Beziehung zwischen Kirchen und Kulturen ist selbstverständlich höchst komplex und der Analyse immer nur in Ausschnitten verfügbar. Jede Kontextanalyse ist immer zugleich eine »Mehrebenenanalyse«.[9] Zwischen diesen jeweiligen Größen erfolgt ein »Kontexteffekt«, der durchaus gegenseitig ist, indem nämlich die sich in einem Kontext befindlichen Einheiten selbst wieder auf die Gestaltung des Kontextes auswirken. Theologisch wäre eine solche Gestaltung mit dem Auftrag der Christen und Kirchen zu korrelieren, sich und die Kontexte auf eine je humanere und gottbezogenere kirchliche bzw. gesellschaftliche Identität hin zu entwerfen. So besteht zwischen Kontext und den darin befindlichen individuellen oder kollektiven kleineren sozialen Einheiten immer so etwas wie eine Interaktion, die allein schon dadurch gegeben ist, daß man sich sieht, daß man im gleichen Milieu lebt, daß man von den gleichen oder ähnlichen Gewohnheiten oder Riten ausgeht. Präziser müßte man aber diese mehr passive von einer aktiven Interaktion unterscheiden, in der das angesprochene Beziehungsverhältnis in einer expliziten Weise angegangen, verändert oder bestätigt wird.[10]

Ein Kontext ist nach alledem zu definieren als der Raum- und Zeitbezug menschlicher Existenz, wobei letztere (ob individuell oder gruppenhaft) selbst wieder auf diesen Kontext einwirkt und dessen Stabilisierung oder Wandel betreibt. So kann man für den Begriff einer kulturellen Kontextualität durchaus den Begriff der »Kulturökologie« bemühen, insofern darin die beweglichen Abhängigkeitsverhältnisse zwischen unterschiedlichen Faktoren in einem Kontext benannt werden.[11] Wie man in der Naturökologie nicht einfach ganze Lebensbereiche vernachlässigen oder gar vernichten darf, weil sonst die anderen Lebenseinheiten auch nicht mehr leben und überleben können, so ist es auch mit der Kulturökologie; bezogen auf unser Thema: Wo Glaube und Kirche nicht in Beziehung stehen mit den vitalen Lebensäußerungen einer Kultur, bringen sie sich selbst partiell oder ganz ums Leben.

Das Adjektiv »kontextuell« ist also zunächst formaler Art, jedenfalls im Gegensatz zu anderen Qualifizierungen der Theologie (z.B. die evangelische, katholische, dialektische, kerygmatische usw. Theologie). Primär ist dabei die prinzipielle Aussage (die in ihrer formalen Reichweite wohl generell gilt), daß jede Theologie, jeder Glaubensvollzug und jede Kirchenbildung in einem bestimmten sozialen Umfeld existieren, das von anderen abgrenzbar ist. Ohne diesen Lebenszusammenhang gäbe es keine Lebensbedeutsamkeit des Evangeliums, wäre letzteres also toter Buchstabe. Wenn dies zutrifft, dann muß allerdings konsequenterweise mit hingenommen werden, daß sich menschliches Leben und Glauben sowohl individuell wie auch kulturell in unterschiedlichen und kontrastiven Formen manifestiert.[12] Wer also für Kontextualität plädiert, muß auch einen positiven Begriff von Pluralität haben. Pluralität allerdings wäre noch zu ungenau, wenn man darin nicht auch prinzipiell von der *Gleichstufigkeit* der unterschiedlichen Lebensvollzüge des Evangeliums spräche. Was der nordamerikanische Theologe Robert J. Schreiter hinsichtlich des Verhältnisses von Christentum und nichtchristlichen Religionen bzw. Kulturen gesagt hat, gilt um so mehr für die christliche Ökumene, für das Verhältnis der in unterschiedlichen Kulturen existierenden christlichen Kirchen: nämlich daß es den jeweiligen Kontextmanifestationen gelingt, die eigenen Einsichten und Ansprüche in einer Weise den anderen nahezubringen, die sie nicht mehr dominiert.[13] So dürfen wir nach Schreiters Meinung nirgendwo mehr in einen absorbierenden oder abstufenden Universalismus zurückfallen, wonach *eine* kulturelle Manifestation des Evangeliums, obgleich sie immer in einem begrenzten partiellen Bereich entstanden ist, sich nichtsdestoweniger in der Form universalisiert, daß die Kirchen in anderen Kulturen sich eben dieser kulturellen Version des Christentums zu unterwerfen haben.

3. Kontextualisierung von Anfang an

Auch nur ein kurzer Blick in die Traditionsgeschichte der Kirche zeigt hinreichend, daß dies immer auch eine Geschichte zeitlich wechselnder und lokal unterschiedlicher Kontextualitäten war, und zwar von Anfang an. Es gehört zum Prinzip der Menschwerdung Gottes, daß Jesus nicht kulturunabhängig, gleichsam nur biologisch Mensch geworden ist, sondern daß sich diese Inkarnation im Kontext einer ganz bestimmten geschichtlichen, kulturellen, religiösen und politischen Situation des Volkes Israel ereignet. Aus diesem Kontext bezieht er seine Sprache und die Bedeutungsressourcen, mit denen er seine eigene Sendung interpretiert und sich auf diese Weise so oder so »verständlich« macht, sowohl Gegnern wie auch Menschen gegenüber, die seiner Botschaft und seinem Handeln gegenüber offen sind. In diesem größeren Kontext gestaltet er nun eine besondere Gemeinschaft mit Männern und Frauen, die mit ihm ein neues Leben beginnen.

Nach seinem Tod ist es die durch den Glauben an die Auferstehung ermöglichte Erinnerung, in der Jesus als der auferstandene Christus weiterhin mit bzw. in den Gemeinden lebt, wobei nun die je unterschiedlichen Kontexte der jungen Gemeinden auch wieder unterschiedliche Schwerpunkte im Glauben wie auch in der Kirchenbildung ausprägen. So unterscheiden sich die aus der Paulusmission hervorkommenden hellenistischen Gemeinden derart von den judenchristlichen Gemeinden, daß es darüber (in der Auseinandersetzung zwischen Antiochia und Jerusalem) zu massiven Konflikten kommt, die auch nicht mehr über einen Meinungskonsens gelöst werden können[14]. So gibt es bei genauem Hinsehen zwischen den verschiedenen Gemeindetheologien der Evangelien wie auch der Briefautoren im Neuen Testament beträchtliche Kontraste, ja auch Gegensätze (etwa zwischen der Gemeindetheologie des 1. Korintherbriefes und der Gemeindestruktur der Pastoralbriefe).

Im Neuen Testament wird bereits deutlich: wo die Erinnerung an Jesus und der Glaube an den Auferstandenen wirklich mit dem Leben von Menschen zu tun bekommt, kommt es gleichzeitig zu einem gegenseitigen Ausschmelzungsprozeß von Glaube und Leben, von überbrachten Inhalten und gegenwärtigen Lebensinteressen. Erst dann befindet sich eine Kirche auf dem Weg zu der »Fülle des Lebens«, von der das Johannesevangelium schwärmt. Die Ökumene der christlichen Kirchen beginnt also bereits im Neuen Testament. Und es gehört wohl zum Genialsten im Prozeß der Kanonisierung, daß letztere nicht unter dem primären Kriterium der Übereinstimmung steht, sondern daß sie die Kontrastivität der unterschiedlichen Traditionen rettet. Diese textinterne Zusammensetzung unterschiedlicher kontextuell vermittelter Glaubens- und Kirchengestalten hat wohl für jede weitere Ökumene generative Qualität.

Wir haben nun also auf der Basis des Alten oder Ersten Testamentes ein Zweites Testament, das für künftige Zeiten konstitutive Qualität hat, nicht nur in den Inhalten, sondern auch in der Struktur seiner Entstehung, nämlich in seinen kontextuell bedingten Kontrasten. Allein schon die Tatsache, daß im Neuen Testament diese unterschiedlichen Verwirklichungen der *einen* Erinnerung selbst als normative Inhalte aufgenommen werden, ist ein überzeugender Hinweis darauf, daß auch künftig nicht nur die Erinnerung, sondern auch die kontextuellen Verwirklichungen normative Ernergie für die Gegenwart, aber auch für die jeweilige Zukunft haben. Diese Schlußfolgerung gilt natürlich nur, wenn man bereit ist, dieses innerschriftliche Verhältnis von Erinnerung und Kontext nicht dort einzuzementieren, sondern generativ, also erzeugend und sich fortpflanzend, zu lesen und in die jeweilige Beziehung zwischen Schrift und je neuer Gegenwart und Situation zu übertragen.

So gibt es durch die Geschichte hindurch einen permanenten Rückbezug auf die durch die Geschichte mitlaufende gleichbleibende Schrift, wobei dieser Bezug um so lebensbedeutsamer wird, je kontextueller er sein darf, je mehr er also mit dem Leben der Menschen, mit ihren Freuden und Leiden in Verbindung gerät. Damit entstehen auch durch die Kirchengeschichte hindurch sowohl auf der synchronen wie auch auf der diachronen Linie immer wieder unterschiedliche Manifestationen von Glaube und Kirche: synchron in dem gleichzeitigen Nebeneinander lokal differierender kultureller Ausgangssituationen, diachron im Wandel der Zeiten und in den damit verbundenen kulturellen und situativen Umformungen in und zwischen den jeweiligen Kirchen wechselnder Epochen.

4. Die Gegenwart des Auferstandenen nicht nur bei seinem Volk Israel[15]

Ein Grundvorgang fundamentalistischer Religionsstrategie besteht wohl in der Verabsolutierung der eigenen Ursprungsgeschichte. Dieser in die Vergangenheit hineinprojizierten exklusiven Ursprungsidentität entspricht je gegenwärtig das ebenso exklusive Superioritätsbewußtsein. Wer demgegenüber für einen gleichstufigen Umgang der Kulturen und Religionen plädiert, muß auch die dazu kontraeffektive Geschichtsideologie, die für solche Selbstvergöttlichungen verantwortlich ist, in die Auseinandersetzung einbeziehen.[16] Der plurikulturelle Weg ist nicht ohne die Rekonstruktion eines neuen plurihistorischen Bewußtseins zu haben. Für unseren Zusammenhang ergibt sich insbesondere folgende Frage: Ist die jüdische Geschichte die bleibende Normkultur des Christentums auch in andere Kulturen hinein?

Wie sich in der Inkulturationsdiskussion die Frage stellt, ob die eurozentrische Christentumskultur die Normkultur für die christliche Identität in anderen Völkern sein darf, stellt sich die Frage, ob die jüdische Ursprungsgeschichte die permanente und alleinige Verstehensnorm eines plurikulturellen Christentums sein kann. Ähnliche Fragen ergeben sich selbstverständlich auch der hellenistischen Hermeneutik gegenüber.

Der im Judentum inkulturierte Jesus Christus ist nur von seinem jüdischen Kontext her zu verstehen. Diesen Tatbestand kann man nun in doppelter Weise auslegen: Für alle weiteren Rezeptionen kann nur von Jesu Judesein her auch der Christus in allen anderen Kulturen »begriffen« werden. Die andere Auslegung wäre: Daß der Christus Jude ist, bestätigt bleibend die radikale Kontextualität dieses Ereignisses. Gerade weil Christus nur von seinem jüdischen Hintergrund her verständlich ist, ist die Daseinsform Christi in anderen Kulturen immer auch nur von *deren* kultureller Identität her zu verstehen. Im ersten Fall betreibt man die Universalisierung eines singulären Tatbestandes durch dessen Überheblichkeit, im zweiten Fall lernt man an der Einzigartigkeit dieses Geschehens zugleich die Einzigartigkeit der anderen und damit die gleichstufige Bedeutsamkeit ihrer kontextuellen Hermeneutik für das Christusgeschehen.

Christologisch formuliert: Gottes Sohn ist nicht überkulturell Mensch geworden, sondern als Jude ist er Mensch geworden. Darin zeigt sich die Inkarnation auch als Inkulturation. Neuere gegenwärtige Christologien, insbesondere im Kontext von lokalen Theologien der Befreiung gehen von der *selbstevidenten Ursprungserfahrung* aus, daß Christus insbesondere in den Leidenden (Mt 25,35–40) und in den solidarischen Menschen (gewissermaßen darin inkarniert) lebt. In den letzten Jahren verband sich diese *Option für die Armen* mit der *Option für die anderen*, deren Mißachtung ja immer erst die Option für die Armen nötig macht. Von daher wächst der Glaube daran, daß es auch so etwas wie eine *ursprüngliche* Existenzweise des geschichtlichen Christus in allen Kulturen und Religionen gibt.[17] Gottes Präsenz in der Geschichte ist nur dann universal, wenn sie multikulturellen Charakter hat, was die Würde aller Kulturen (nicht nur moralisch einfordert, sondern) christologisch und damit theologisch begründet.

Mit der Menschwerdung des Gottessohnes im jüdischen Kontext ist dieser Kontext bleibend wichtig, um *diese* Inkarnation Christi zu verstehen. Damit verbietet sich zugleich jede kultur- bzw. religionsvorherrschende Auslegung dieses Faktums. Dies wäre die unzulässige Universalisierung eines kontextuellen Geschehens, eine von Menschen produzierte Mißachtung der Inkarnation durch

Entkontextualisierung (sprich Generalisierung) ihrer Wirklichkeit. So wird man sich auf den Gedanken zubewegen dürfen: Was für das Verstehen des Jesus das Volk Israel ist, ist für das Verstehen des Christus in anderen Völkern *deren* Kultur und Religion. In allen Fällen sind diese kontextuellen Verstehensvoraussetzungen selbstverständlich immer ambivalent und benötigen von daher die um so drängendere Bewegung auf das geschichtliche Realwerden der jeweiligen Christuspräsenz in ihnen. Chauvinismus und Totalitarismus gab und gibt es immerhin auch in Israel nicht zu knapp.[18] C. Thoma bringt folgende Klärung: »Antisemitismus ist ein ideologisch-starres Anrennen gegen die verzerrt aufgefaßte Erwählung, Absonderung, Geschichte und Einzigartigkeit des jüdischen Volkes samt ihren angeblichen Begleiterscheinungen: Verstocktheit, Unbelehrbarkeit, Superioritätsbewußtsein, Herrschaftspläne, Völkerfeindschaft u.ä.«[19] Wenn aber von jüdischer Seite tatsächlich Superioritätsbewußtsein und Völkerfeindschaft realisiert werden sollten, dann, so darf man wohl folgern, ist deren Kritik weder ideologisch-starr noch Ausdruck eines Antijudaismus, sondern die Einklage humaner Optionen ausnahmslos allen gegenüber.

Man wird wohl prinzipiell sagen dürfen, daß Gott in jedem religio-kulturellen Kontext hätte Mensch werden können. Diese Einsicht schmälert nicht die hohe Bedeutsamkeit Israels für die »erste« Inkarnation[20] und ihre religiöse Hermeneutik[21] in der Kategorie einer paritätischen interkulturellen Begegnungs- und Beratungspflicht, bindet aber diese Bedeutsamkeit nicht an einen ambivalenzfreien Absolutheitsanspruch, als hätte Gott nur in diesem religiösen Raum Mensch werden können. Man darf wohl nicht vergessen, wie scharf die Auseinandersetzungsgeschichte Jesu mit seiner eigenen Umwelt war. Bei dieser selbstverständlich hypothetischen Fragestellung geht es nichtsdestoweniger um die Mentalität, ob man anderen Kulturen und Religionen prinzipiell zutraut, daß der Gott, der im jüdischen bzw. christlichen Religionsbereich konkret wurde, in anderen religio-kulturellen Bereichen ebenfalls konkrete Lebenswirklichkeit werden kann. Erst dann glauben wir an einen universalen Gott, der ähnlich, wie wir es von ihm bei uns glauben, auch bei anderen und dort anders mit seiner Gnade wirksam zu werden vermag.

Paulo Suess schreibt: »Die Geschichte eines Volkes zur normativen Urgeschichte anderer Völker zu machen, hieße beide Geschichten zu zerstören. ... Im Christentum geht es weder um Bodenidentität, wie in autochtonen Kulturen, noch um eine ontologisch-geschichtslose oder eine historizistisch-fixierte Ursprungsidentität, sondern um eine plurihistorische Weg-Identität.«[22] Dementsprechend ist von einer plurihistorischen und plurikulturen Gegenwart Gottes in den Völkern auszugehen: nicht romantizistisch, sondern analog zu Jesus immer jeweils unter SünderInnen, aber deswegen auch nicht machtlos, sondern mit der »Macht in Beziehung« (C. Heyward) der Liebe, Freundschaft, des Mitleids und der Gerechtigkeit. Im folgenden mache ich mich auf die Suche nach möglichen »Prinzipien« solcher Kontextualität.

5. Kontext und Tradition

Ohne apologetische Attitüde sei hier wenigstens angedeutet, daß die in der katholischen Kirche eingeschärfte Ehrfurcht nicht nur vor der Schrift, sondern auch vor der Tradition als ein Ausdruck dafür aufgefaßt werden kann, daß die kontextuell bedingten, begrenzten wie auch ermöglichten existenziellen Verwirklichungen des Glaubens selbst eine Gegebenheit des Geistes Christi in der Geschichte

98

sind. Diese Einsicht wirft dann aber auch eine besondere Dignität auf die Kontextualitäten der jeweiligen Gegenwart: Auch sie haben den Charakter einer »Selbstmitteilung Gottes im Christusereignis durch den heiligen Geist«.[23] Diese Aussage gilt selbstverständlich nicht positivistisch. Kontextualität markiert vielmehr auch den Tatbestand, daß zum Leben und zur Geschichtlichkeit das Mißlingen und die Sünde gehören.

Jede Kontextualität, ob vergangene oder gegenwärtige, steht also immer unter einem doppelten »Verdacht«, einmal unter dem Verdacht, den Geist Gottes in sich zur Ausformung zu bringen, dann aber auch unter dem Verdacht, ihn zu blockieren oder zu verraten. Diese beidseitige gegenseitige »Verdächtigung« muß aber gleichstufig erfolgen. Hier gibt es ganz und gar keinen eurozentrischen Überschuß an positivem Selbst-Verdacht gegenüber den Kirchen in anderen Ländern. Maßstab der gegenseitigen Kritik wie auch der Selbstkritik bleibt vielmehr der jeweils aus der eigenen Kontextualität heraus zu entwickelnde Bezug auf die biblische Botschaft. Dabei wird man sich eigene Schwerpunkte in der Verwirklichung der Botschaft zugestehen, wie man umgekehrt keine Kompromisse bei sich und bei anderen zuläßt, wenn es um Unterdrückung, zerstörerischen Umgang mit dem Gottesnamen und um die Verkleinerung von Leben bei sich oder bei anderen geht. Je mehr nun eingesehen werden kann, daß auch die Texte der biblischen Botschaft von Menschen geschrieben sind, die oft in ihren eigenen theologischen Ansprüchen zurückblieben, die begrenzt und auch sündig waren, desto mehr kann sich auch diesbezüglich ein gegenseitig kritisches Verhältnis entwickeln. Das Sich-Entdecken in der Bibel kann nicht nur strukturanalog vollzogen werden, sondern benötigt die Kriterien der *vorgängigen* Hermeneutik des in den Kulturen lebenden Christus, in der die bemühten Strukturanalogien strikt an die Selbsterfahrung der Leidenden, an die affektive Haltung des ungeteilten barmherzigen Mitleidens, an die ethische Perspektive der Gerechtigkeit und an die (im engeren Sinn) theologische Perspektive der universalen Menschenfreundlichkeit Gottes gebunden werden.[24]

So gilt die Tradition der Kirche in ihren Traditionen selbst als Bodensatz ihrer Inkulturationen sowohl im kirchlichen Leben wie auch in der Theologie, so daß im Durchgang durch die Vergangenheit entdeckt werden kann, welche Kontextbezüge sich beide im Laufe der Geschichte geleistet haben und welche katastrophalen Folgen es hatte, wenn dies mit Gewalt verhindert wurde. Gerade die Tatsache, daß die katholische Theologie neben dem Bibelbezug auch den Traditionsbezug als konstitutive Quelle für die Identität der Kirche herausstellt, ist ein eindrucksvoller Beleg für die ebenso bestimmende Kraft der jeweiligen Kontexte, die diesen Traditionen zugrundelagen. Tradition und Kontext sind die geschichtlichen bzw. systematischen Bezeichnungen für ein und denselben Vorgang, nämlich die Lebensrelevanz des Glaubens in den kirchlichen Selbstvollzügen zu gewährleisten und dessen theologische Relevanz herauszustellen.

Das II. Vatikanum sieht diesen Zusammenhang sehr deutlich, wenn es das Traditionsprinzip der katholischen Kirche als ihr zu vergegenwärtigendes Pastoralprinzip rekonstruiert. Hier muß aber deutlich gemacht werden, daß Pastoral im Sinne des II. Vatikanums nichts anderes heißt als die Erfahrungs- und Handlungsseite der Kirche. Pastoral ist also kein reduzierter Begriff für die Berufstätigkeit von Hauptamtlichen in der Kirche, sondern ein Vollzugsbegriff für den Lebenskontakt des Evangeliums, dessen Subjekt alle Gläubigen sind, im Glauben wie im Handeln.

Leider hat nun gerade jene christliche Kirche, die in

ihrer Dogmatik den Traditionsbezug herausgestellt hat, selbst oft genug nicht viel von der Pluralität unterschiedlicher Kontextbezüge gehalten, weder diachron noch synchron. Wo der Traditionsbezug aber monopolhaft verwaltet, um seine Kontrastivität gebracht und mit Herrschaftsinteressen gleichgeschaltet wird, funktioniert er als Unterwerfungsverhältnis zugunsten eines kollektivistischen Kirchenregiments. Dann werden sowohl die Vergangenheit wie auch die Gegenwart um ihre Kreativitäten und Lebendigkeiten gebracht. Hier sind die Kirchen der Reformation in ihrer gegenseitigen Anerkennungspraxis von Unterschiedlichkeit und Gleichstufigkeit bedeutend weiter: De facto realisieren *sie* in ihrer »Ökumene« die Wichtigkeit jener Kontextualität, die die katholische Kirche im Traditionsbezug behauptet.

Die Traditionen sind aus dieser Sicht das jeweilige Ergebnis eines vormals lebendigen Austausches zwischen Schrift und Leben, zwischen Botschaft und Situation, zwischen Inhalt und Geschichte, letztlich zwischen Christus und Existenz. Und in dieser Existenz kommt Christus in vielen unterschiedlichen Formen von Kirche vor, in verschiedenen Biographien und Kulturen. Dieser Prozeß begann insbesondere mit der sogenannten Heidenmission, also mit dem Schritt, mit dem der christliche Glaube von der jüdischen in eine andere Kultur überging, ohne die jüdische zu verlassen. Gleichzeitig ist er also gegenwärtig in kulturell unterschiedlichen Kirchengestalten. Wer diesen weitergehenden Prozeß im Laufe der Menschheitsgeschichte auch nur an einer Stelle stoppen oder abbrechen will, hätte dies eigentlich schon am Anfang tun müssen, nämlich mit dem Verbot der beschneidungsfreien Heidenmission und damit mit der exklusiven Kulturreduktion des christlichen Glaubens auf den Bereich Israels. Dies wäre aber ein krasser Verstoß gegen den Kanon des Neuen Testamentes.

Nicht immer allerdings verliefen die Übergänge und Ablösungen so erfolgreich in dem Sinne, daß man sich unterschiedliche Ausformungen christlicher Existenz im je eigenen Kulturbereich zugestand und sich darüber den Handschlag der Gemeinschaft gab, der das gemeinsame Abendmahl wie auch die gegenseitige Diakonie beinhaltete, also ein gegenseitiges Stützen, Schätzen und Schützen. Bei aller Problematik historischer Analogien darf man wohl behaupten, daß die römische Kirche strukturanalog im chinesischen Ritenstreit[25] gegenüber einem authentischen Christentum in der chinesischen Kultur so reagiert hat, als wenn in der jungen Kirche sich allein Jerusalem durchgesetzt und den Übergang des christlichen Glaubens in die hellenistische Kultur verhindert hätte. Denn Rom wollte im 17. Jahrhundert die chinesischen Christen latinisieren, ganz parallel zu den Scharfmachern in Jerusalem, denen Paulus vorwirft, sie wollten die griechischen Christen dazu zwingen, die Beschneidung zu übernehmen und jüdisch zu leben (vgl. Gal 2,14).

6. *Kontextualisierung als wurzelhafte Inkulturation*

Aus alledem ist deutlich geworden, daß der Begriff der Kontextualisierung sehr viel mit den Begriffen der Inkulturation und der interkulturellen Verhältnisbestimmung von Kirchen zu tun hat.[26] Ohne die Herkunftsgeschichte und die Karriere des Begriffes der Inkulturation hier erörtern zu können, sei er dennoch kurz mit zwei Zitaten soweit geklärt, daß er hier qualifiziert verwendet werden kann. Dahinter steht zunächst der aus der Ethnologie stammende Begriff der Enkulturation, worunter man dort versteht, wie die Mitglieder einer bestimmten Kultur von Geburt an in diesen ihren eigenen Kulturbereich hineinerzogen und sozialisiert werden.[27] Die Transformation zum Begriff Inkulturation ist wohl eine theologisch motivierte Neuschöpfung, die sich dem christologischen Prinzip der Inkarnation verdankt.

Dies entspricht der Aussage im katholischen Missionsdekret des II. Vatikanums, wo in Abschnitt 10 die Rede davon ist, daß die Kirche anderen Kulturen mit der gleichen inkarnatorischen Dynamik begegnen solle »wie sich Christus selbst in der Menschwerdung von den konkreten sozialen und kulturellen Verhältnissen der Menschen einbinden ließ, unter denen er lebte«.[28] Auch die Studie »Religionen, Religiosität und christlicher Glaube« der evangelischen Landeskirchen Deutschlands und der Kirchen der Arnoldshainer Konferenz (Gütersloh 1991) führen aus: »Aber die Geschichte der Indigenisierung des Christentums ist … die Geschichte der Kondeszendenz Gottes. Gott geht mit seinem Wort in die Denk- und Empfindungswelten, die das Zeugnis sucht, ein. Er bleibt nicht draußen oder an der Oberfläche stehen.«[29] In den Grundzügen haben wir also bei aller Weite und zusätzlichen Profilbedürftigkeit dieser Aussagen doch einen ganz respektablen interkirchlichen Konsens.

Mit Recht hat A. Roest Collius bereits zu Beginn dieser Debatte darauf hingewiesen, daß der Begriff der Inkarnation eigentlich eine noch unzureichende Formulierung sei, die noch nicht das volle Christusgeschehen ausleuchte.[30] Nicht die einzige, aber doch wohl eine entscheidende Art und Weise, die Kriterien für die Inkulturation des Evangeliums zu elementarisieren, ist wohl die Analyse dessen, wie sich der Jesus der Evangelien in seinem religiösen und kulturellen Lebensbereich verhalten hat. Dort finden wir ihn als einen, der das Leben zutiefst wertschätzt, der sich auf die Seite derer stellt, denen Lebensqualität entzogen wird, der sich selbst in die Notwendigkeit für die Opfer hinein verausgabt, der aber auch den TäterInnen, den SünderInnen nahe ist und ihnen Versöhnung schenkt. Wir finden ihn als einen, der den Gottesbegriff heilend, befreiend und teilend gebraucht, der mit dem, was wir heute theologisch Transzendenz nennen, sehr sorgfältig zugunsten der Menschen und ihrer Achtung umgeht, der die Rede von Gott nicht mit Unterdrückung und Rückenverkrümmung, sondern mit Rückenstärkung und Erlösung der Menschen in Verbindung bringt.

Was unter Kultur oder Subkultur genauer zu verstehen sei, bringt wohl Paulo Suess am präzisesten auf den Punkt: »Unter Kultur verstehen wir die von sozialen Gruppen und Völkern historisch konstruierte zweite Ökologie, welche auf die Grundprobleme von Leben, Zusammenleben und Weiterleben regionale und gruppenspezifische Lösungen herausbildet, die sich dann in eine sozio-politische, eine ökonomische und ideologische Sphäre ausdifferenzieren können. Kultur ist auch nicht reduzierbar auf ein sogenanntes Weltbild, sondern meint immer schon eine aus verschiedenen Integrationsebenen konstituierte ganze Lebenswelt.«[31] Dieser Kulturbegriff ist auch offen für die Ambivalenz, die jede Kultur mit sich bringt. Denn bei aller Hochschätzung der menschlichen Kulturleistungen (auch der sogenannten christlichen Kulturen) muß man sich jeder Idealisierung oder gar Romantisierung enthalten. »Die Inkulturation der christlichen Botschaft findet dort nicht statt, wo sie die Kulturen nicht dahin in Frage stellt, ob sie dem Leben und der Befreiung des Menschen dienen oder ihn in Knechtschaft und in der Macht des Todes festhalten.«[32]

So geht es bei der Inkulturation christlicher Existenz immer darum, einen jeweiligen kulturellen Kontext in seiner eigenen Identität und von seinen tiefsten Wurzeln her erst einmal als notwendige Gegebenheit von Leben und

Lebensgestaltung anzunehmen und eben darin mittels der eigenen christlichen Existenz in der gleichen tiefen Verwurzelung der Kraft Christi eine alles durchdringende Gestaltung zuzutrauen und dafür einzustehen. Wenn eine kontextuelle Kirchenbildung nicht den Ort erreicht, wo das kulturelle Herz eines Volkes schlägt, amputiert sie sich selbst um die entscheidende zentrale Lebenskraft zugunsten des Evangeliums. Eine solche Kirchenbildung ist nicht nur unökologisch, sondern unökonomisch und schließlich auch unökumenisch, weil man sich selbst und deshalb auch anderen nicht die je eigene kulturelle Selbstverwirklichung gönnt.

Indem wir zur Präzisierung des Kontextbegriffes den Begriff der Inkulturation bemüht haben, haben wir gleichzeitig der Gefahr widerstanden, die jeweiligen Kontexte allzu oberflächlich und flächendeckend mißzuverstehen. Denn bei der Inkulturation geht es inbesondere um die vertikalen, wurzelhaften Tiefenschichten im jeweiligen Identitäts- und Kulturgefüge individueller und kollektiver Existenzen. Es geht schlicht um das Wirklich-Werden des Glaubens im konkreten Leben von Menschen in ihren jeweiligen kulturellen Räumen und sozialen Verhältnissen. Dann erreicht das Evangelium die Lebens- und Leidenserfahrungen der Menschen, operiert nicht mehr mit blutarmen Worten und Begriffen, sondern findet auskunftsfähige Symbole und Handlungen. Dem Evangelium fließen dann die Grundwasser menschlicher Existenz zu: der oft verschüttete Hunger nach Gott und die vitalen Sehnsüchte der Menschen, insbesondere der Unterdrückten und Armen.[33]

Wenn heute sehr viel von der interkulturellen Kompetenz der christlichen Kirchen die Rede ist, und zwar im Blick auf ihr Verhältnis zu den nichtchristlichen Religionen, so wird diese Fähigkeit sich kaum besonders entwickeln, wenn man nicht bereits eine christliche Kultur der interkulturellen Beziehung zwischen den Kirchen in ihren jeweiligen Lebenszusammenhängen praktiziert. Ansonsten gibt es nach innen wie nach außen den sattsam bekannten Tatbestand: »Es gibt ... keinen Versuch zu verstehen; die Lebensform, die die Macht hat, setzt ihre Ordnung durch und eliminiert alle anderen Verhaltensweisen.«[34]

Übrigens gilt diese hier vertretene lebensweltliche Verwurzelungsthese nicht nur für die mehr katholische schöpfungstheologische Sicht, daß alle Kulturen bereits vor jeder Offenbarungsannahme in sich (trotz der Verschüttung durch die Sünde) von der kreativen Kraft Gottes beseelt sind, sondern auch für die mehr protestantische Annahme, daß erst im Vollzug des Glaubens der Geist Gottes in Mensch und Kultur die Rechtfertigung dieser je sündigen und kontaminierten Existenz annehmen und als Raum der Gnade erleben läßt. Geht es doch bei der Rechtfertigung um Gottes unbedingte Annahme sündiger Existenz, mit einer Ganzheitlichkeit, die auch die gottwidrigen Anteile in die Zusage Gottes miteinbezieht, so daß wir insgesamt von ihm her ein Recht auf Leben und Überleben haben.[35] Beide Denkfiguren landen im Grunde bei der gleichen Option, nämlich daß menschliche und kulturelle Existenz bis auf ihre tiefsten Wurzeln von der Gnade Gottes und vom Glauben der Menschen erfaßt wird bzw. erfaßt werden darf.

7. Weitergabe des Glaubens in Begrenzung und Relation

Auch aus der Perspektive der Weitergabe des Glaubens ist die Rolle der Annehmenden immer eine aktive, eine in sich selber kreative (mit allen menschlichen Möglichkeiten der Phantasie, des Denkens und des Handelns) und kreatorische (mit den in Taufe und Firmung bzw. Konfirmation allen Christen geschenkten Möglichkeiten göttlichen Geistes). Ohne diese Annahme könnte der Offenbarungsvorgang nicht als gegenseitige Begegnung von überliefertem Glauben und konkreten Menschen, von inspirierten Texten und inspirierten Gläubigen in der Freiheit des beiden gemeinsamen und sich ineinander entdeckenden Gottesgeistes geschehen. Nicht nur die Überlieferungen der Lehre, sondern auch die Gläubigen in ihren Charismen sind als Gabe des Geistes Gegebenheiten Gottes in der Geschichte. Deshalb gehört nach der Theologie des II. Vatikanums die Berufung der Menschen »unbestreitbar zum Depositum fidei«.[36]

Dabei erfaßt der Begriff der *Berufung die Menschen in ihrer biographischen, geschichtlichen und kulturellen Kontextualität*, denn ohne diese Kontexte wären die Menschen nicht das, was sie sind, sondern eine Abstraktion ihrer selbst. Wo die Kirchen diese Berufung der Menschen in ihren konkreten Lebenszusammenhängen nicht als Basis ihrer Kirchenbildung annehmen, begeben sie sich selbst des Geistes, gnadentheologisch des Indikativs Gottes in den ChristInnen, die die Botschaft im alltäglichen Leben zwischen Scheitern und Gelingen, zwischen Schuld und Versöhnung, zwischen Zweifel und Glauben verfolgen. Zum Auftrag der Kirche gehört es deshalb, auf das Leben der Menschen zu schauen; »denn es zeigt ihr neue Wege des Apostolats«, insofern der Glaube tatsächlich »möglichst viele Bereiche des Lebens durchdringt«.[37] Man kann es auch mit einer anderen Kategorie formulieren, nämlich mit der Vorstellung vom Kairos, also von einer ganz bestimmten Zeit, in der etwas ganz bestimmtes möglich und fällig wird. Dieser Zeitbegriff ist natürlich immer an den Situationsbegriff gebunden: Die Chance einer ganz bestimmten Zeit hängt immer mit einer konkreten Situation zusammen, in der diese Chance (z.B. für Veränderungen) gegeben ist.

Diese Einsicht widerspricht nicht der Behauptung, daß mit der Schrift die Offenbarung im Sinn einer notwendigen Erinnerungsvorgabe abgeschlossen sei. Abgeschlossen ist indes niemals jene Erinnerung, von der Johannes sagt (vgl. Joh 16,13), daß sie in lebendiger Weise in das einführt, was Jesus getan und gesagt hat, durchaus mit besonderen Anteilen des »Darüberhinaus«. Dieses Darüberhinaus ist nicht etwas anderes oder Zusätzliches, sondern eine neue Sicht des Glaubens und seiner praktischen Konsequenzen, die nur aus einer besonderen Situation heraus möglich ist. In diesem Prozeß (unbeschadet der immer notwendiger werdenden globalen »Zeichen der Zeit« für eine überregionale ökumenische Glaubenssicht und Verantwortung, wie sie etwa im konziliaren Prozeß vertreten werden) haben die unterschiedlichen Kulturen das Recht und auch die Pflicht, im Sinne ihrer »Zeichen der Zeit« im Evangelium selbst Neues und Aktuelles entdecken zu dürfen: »aus dem Bestreben, die Kirche in Einklang zu bringen mit der Neuheit Gottes, die in den Zeichen der Zeit zum Aufleuchten kommt«.[38]

Ein reduktionistischer Umgang mit der Lebenswirklichkeit der Menschen kann nicht sehen, wie die von Gott behauptete unendliche Lebensfülle tatsächlich in die vielfältigen Vitalitäten der Menschen und Kulturen hineinexplodiert und darin auflebt. Die Kraft der Basisgemeinden in Brasilien beispielsweise kommt nicht etwa von der »Theologie der Befreiung« (diese ist lediglich ihr diskursiver Ausdruck), sondern aus den jahrhundertealten kulturellen Tiefen der eigenen Frömmigkeits- und Widerstandsgeschichte in den einheimischen Völkern. Ohne dieses erste Buch der Kulturen hat das zweite Buch, die Bibel, keinen Sinn, wenn man insgesamt glaubt, daß seine Botschaft etwas mit dem Leben der Menschen zu tun hat. In dieser Verwurzelung gewinnt der Glaube erst seine Befreiungskraft.[39] Die Schrift ist ohne das Buch des Lebens nur eine zusammengelegte Marionette ohne SpielerInnen.

Alle unterschiedlichen Kulturen können sich füglich in ihrer je eigenen Form auf den Weg des Reiches Gottes machen. Sie können letzteres nur dann, ohne ihre Identität aufzugeben, wenn sie darin die gnadenreiche Annahme ihrer Identität erfahren. Dies führt notwendig zur Vielsprachigkeit und Vielkulturigkeit des christlichen Glaubens und der Kirchenbildung.[40] Ein am Prozeß der Inkulturation orientierter Kontextbegriff bietet von daher eine kritische Instanz gegenüber jeder Art von abstufendem Zugriff einer kulturellen Ausformung des Christentums auf eine andere: mit den wahnwitzigen Vorstellungen, die anderen müßten sich der eigenen Identität unterwerfen bzw. diese bei sich integrieren.

Damit ist noch eine andere Einsicht verbunden: Je mehr Menschen und Kulturen tatsächlich ihre eigene Identität ausprägen dürfen, desto mehr können sie sich in dieser gegönnten Selbstachtung auch zur Selbstbegrenzung und Selbstrelativierung hinsichtlich anderer Lebensbereiche öffnen. Was für den Menschen gilt, gilt analog für die Kulturen: Wo der einzelne in einer trotz seiner Widersprüchlichkeit aufrechterhaltenen sozialen Anerkennung die Wichtigkeit seiner einzigartigen Existenz erfahren darf (und nicht bei Widerspruch mit Gemeinschaftsentzug bestraft wird), kann er darauf verzichten, für seine Selbstwerterfahrung überichhaft von dem Kollektiv einer größeren »Gemeinschaft« Identitätsanleihen nehmen zu müssen. Wo Ichstärke entstehen darf, braucht man nicht andere zur Kompensation der eigenen Ichschwäche zu instrumentalisieren. Je mehr man in die Tiefe des Lebens steigt, desto weniger benötigt man die Expansion in der Ausbreitung. Je mehr man lernen durfte, auch sich selbst zu lieben und anzunehmen, desto mehr kann man dies den anderen gönnen.

Dies ist ein eminent bedeutsamer Zusammenhang, der ebenso für kulturelle Einheiten gilt: Wo sie ihre Kraft in sich selbst finden dürfen, benötigen sie keine Hegemonie über die anderen. Dann kann man darauf verzichten, statt (wie Else Lasker-Schüler einmal formuliert hat) auf Ausschöpfung des Lebens auf Aufrechterhaltung der Konventionen aus zu sein. Punktuelle Ganzheitlichkeit führt zur Abrüstung von der Macht über das Ganze. Wer sich in seinen Begrenzungen annehmen, wertschätzen und kritisieren kann, benötigt keine kolonialistische Unbegrenztheit, um sich als bedeutsam zu erfahren. Eben diese gleichstufige Offenheit anderer Lebensweisen gegenüber ist die Echtheitsprobe auf die Unterscheidung zwischen authentischer und faschistoider Ganzheitlichkeit. Faschistoide Ganzheitlichkeit weiß nämlich höchst raffiniert emotionale Schichten in einer Masse ichschwacher Menschen dafür zu aktivieren, daß chauvinistische und großflächige Herrschaftsansprüche über andere angeblich ihre eigenen tiefsten Wünsche seien. Aber dies ist eine manipulierte Inszenierung, in der das Pathos für die Herrschaft über andere die authentische Selbstverwirklichung in realistischer Selbstbescheidung verhindert.[41]

Bei dem Sich-Einfinden in der eigenen Kultur geht es auch immer um ihre verdrängten Abgründe und darum, diese aus der Perspektive der Opfer in einem scharfe Wunden schlagende Pfluggang durch die Vergangenheit aufzubrechen. Dies ist die wichtigste Art, aus der eigenen Geschichte eine bestimmte *Lebenskraft* zu schöpfen, nämlich zu verhindern, daß die Opfer ein zweites Mal ums Leben gebracht werden, wenn man vergißt, weil man bestimmte gegenwärtige Opfer innen wie außen nicht sehen will und verdrängt. Nur wer diesbezüglich die eigene Wahrheit aushält, braucht keine Sündenböcke zur Verschleierung seiner eigenen Abgründe mehr zu produzieren. Wenn wir in vieler Hinsicht blockiert sind, die Opfer außerhalb unseres Landes ernstzunehmen und von daher unser Handeln zu gestalten, dann hat diese Blockade etwas mit der hausgemachten Verdrängung zu tun. Die verstummten Opfer der Vergangenheit machen auch die gegenwärtig lebenden Opfer stumm. Es kann aber auch sein, daß eine exklusive Fixierung auf Opfer der Vergangenheit auch in der Gegenwart nur diese (auch wenn sich ihre Situation verändert haben sollte) in der Gegenwart *als solche* wahrnehmen läßt und die anderen übersieht.[42] Was in der Anamnese verdrängt oder fixiert wird, führt so oder so zum Wiederholungszwang.

8. Ohne Inkulturation keine interkulturelle Kompetenz

Auch von daher ist die These nicht abwegig, daß insbesondere die Missionsbewegung des 19. Jahrhunderts in Europa just einsetzte, als die Kirchen ihre Lebensrelevanz in ihrem eigenen gesellschaftlichen Kontext teilweise verloren hatten.[43] Damit wurde durchaus die Vorstellung verbunden, daß insbesondere die Mission der diesbezüglich noch unverbildeten afrikanischen Menschen dann auch für die eigene Gesellschaft zu einem »Beweis christlicher Lebenskraft« (!) werde.[44] Deutlicher kann man den kompensatorischen Zusammenhang wohl nicht formulieren: Die schwindende Lebenskraft des Christlichen im Inneren wird nun in ihrer Aktivität nach außen gesucht, und zwar mit der Kalkulation, daß ein entsprechender Sieg nach außen auch wieder zum Beweis des Christentums im eigenen Land fruchtbar gemacht werden kann. So wird auch rückwirkend noch einmal über den Beweisbegriff eine Zwangsstrategie gegenüber der eigenen Kultur deutlich, der zusätzlich davon dispensiert, von ihren eigenen Lebens- und

Leidenszusammenhängen her die erfahrungsgestaltende Kraft des Glaubens zu entdecken.

Um nicht mißverstanden zu werden: Es geht hier nicht um eine globale Kritik der Afrikamission oder einer anderen Mission als solcher, sondern um ihre Funktion im Zusammenhang einer zumindest teilweise verweigerten Inkulturierung des Evangeliums in der eigenen Gesellschaft. Dazu darf auch der Verdacht geäußert werden: gerade weil die Kirchen hinsichtlich der eigenen Lebenszusammenhänge (insbesondere im Zusammenhang mit der bürgerlichen Freiheit und der Arbeitswelt) ihre Verwurzelungen kappten bzw. schwächten, weil also zuwenig die vitalsten Leiden und Freuden der Menschen zum Zug kommen konnten, war auch die christliche Mission in den *anderen* Ländern relativ blind gegenüber den dortigen kulturellen Eigenständigkeiten und Möglichkeiten der Verwurzelungen, also gegenüber einer authentischen Verbindung von Lebensform und kirchlichem Glauben. Im katholischen Bereich ist diesbezüglich eigentlich erst mit und nach dem II. Vatikanum jene Wende eingetreten, in der, auch unter Verwendung des Inkulturationsbegriffes, den jungen Kirchen eine eigene kulturelle Identität in Liturgie und Gemeinschaftsvollzug zugestanden wurde.

Der blinde Fleck nach innen verursachte den gleichen blinden Fleck nach außen. Obgleich die eigene Art, christliche Existenz auszuprägen, im eigenen Land zunehmende Defizite in der Verbindung mit dem Leben der Menschen aufwies, wurde sie dennoch kolonialistisch anderen Kulturen als christliche Identität schlechthin vermittelt, womit dort genau das gleiche verursacht wurde, was hierzulande bereits Ursache der amputierten Selbstverwirklichung war: nämlich die Verweigerung der lokalen Kirche, sich möglichst tief in die Lebens- und Leidenszusammenhänge der unterschiedlichen Gesellschaften hineinzubegeben.

Ohne Inkulturation gibt es keine echte Interkulturation. Ohne vertikale Kontextualität gibt es keine horizontale Kontextualität. Und so lernen wir seit einigen Jahrzehnten gerade von den Inkulturationsbestrebungen und Erfolgen der Kirchen in anderen Erdteilen auch wieder neu für uns hier, was bei uns an Exkulturation gelaufen ist und wie von neuem Inkulturation geschehen könnte. So ist mir erst bei einem Afrikaaufenthalt an den faszinierenden Versuchen, afrikanische Ahnenverehrung und christlichen Auferstehungsglauben, Ahnenkult und christliche Liturgie aufeinander zuzubringen, deutlich geworden, wie wenig bei uns in Europa die lebendige Volksreligiosität der Menschen in bezug auf ihre eigenen Toten für die diesbezügliche Glaubensverkündigung gefragt ist.

Ich habe schon verschiedentlich betont, daß auch die Anerkennung und Erwartung des Guten in den anderen Kulturen auf keinen Fall den Blick für das Gewalttätige und Böse in ihnen verstellen darf, sondern gerade im Kontrast dazu um so mehr aufdeckt. Zur interkulturellen Begegnung gehört deshalb unbedingt das Einmischungsrecht in eine andere kulturelle Einheit, wenn darin Ungerechtigkeit und Unterdrückung geschehen. Dieser Einmischungspflicht wird man um so qualifizierter gerecht, als man auf die entsprechenden Opfer hört und ihnen ein vorzügliches Recht zur Beschreibung der Situation und zur Klageführung einräumt. Andere Religionen und Kulturen sind genauso wie die eigenen immer »von der Unterseite der Geschichte« her zu kritisieren[45], also von denen her, denen Gerechtigkeit und Barmherzigkeit entzogen werden. So gehört es gerade zur Hermeneutik der interkulturellen Begegnung, daß darin primär die jeweiligen Geschädigten gehört werden, sei es bei sich selbst, sei es bei den anderen. Theoretisch und praktisch eindeutig werden also nur die Unterdrückten und Geschädigten von Kulturen und Religionen selbst zur Einmischung zur Solidarität aufrufen können. Ansonsten würde allzu leicht eine bestimmte Kultur oder Religion der anderen gegenüber Inhumanitäten vorwerfen können, die in der betreffenden Kultur selbst gar nicht so erfahren werden und in diesem ihrem dortigen Kontext einen humanen Sinn haben können. Dies geschieht z.B. hierzulande häufig bei der projektiven Beurteilung muslimischer Kultur und Religion. Nur intensive Kontakte mit einer anderen Kultur und dabei im indirekten und direkten Austausch mit ihren Opfern können gewährleisten, daß man nicht Humanitätsgründe vorschiebt, um die Primärmotive einer ethnozentrischen und kapitalistischen Intoleranz zu kaschieren und durchzusetzen.

Es geht auch nicht an, vorschnell all das, was aus dem eigenen Vorverständnis heraus unverständlich erscheint, nur aus diesem Grund zu kritisieren. Theologisch wird man solche Unverständlichkeit gönnen und als das Geheimnis des uns noch fremden Gottes stehen lassen dürfen. Toleranz geht über das Kennen und Verstehen hinaus und bezieht sich auch auf das, was nicht mehr im Radius des Verstandenen und Verständlichen einhergeht. So darf es wohl eine Austauschermöglichung, vielleicht auch ein Austauschrecht zwischen den Kulturen geben, nicht aber eine Austauschpflicht. Es ist auch gut, in einem sich schützenden und schätzenden Nebeneinander zu leben, ohne sich gegenseitig unter den Druck zu stellen, zueinander verständlich, dialogisch und begehbar zu sein,[46] so daß die andere Kultur nicht zum Objekt der eigenen Wissens- und Lernversuche reduziert wird. Man kann auch zuhören und zuschauen, ohne etwas übernehmen zu wollen. Vieles gehört den Kulturen allein, ist nicht austauschbar. Auch die Kategorie der interkulturellen Begegnung ist nur bekömmlich, wenn sie zu der erwünschten Nähe auch Distanz erlaubt.

Anmerkungen

[1] Land hier verstanden als Kürzel der Ortskirchen in einer kulturellen Einheit. Obgleich die hier erwähnten Schlüsselbegriffe für die Beziehung auch zwischen christlichen Kirchen und anderen Religionen bemüht werden, möchte ich mich hier auf Kirchen in unterschiedlichen Kulturen konzentrieren.

[2] Zu den Erfahrungen und Konzepten einer kontextuellen bzw. befreiungstheologischen Theologie in Palästina aus dessen Kontextualität selber heraus vgl. M. Raheb, Ich bin Christ und Palästinenser. Israel, seine Nachbarn und die Bibel, Gütersloh 1994; N.S. Ateek, Recht, nichts als Recht! Entwurf einer palästinensisch-christlichen Theologie, Fribourg/Brig 1990; R. Radford Ruether/M.H. Ellis, Beyond Occupation. American Jewish, Christian, and Palestinian Voices for Peace, Boston 1990; N. Ateek/M. Ellis/R. Radford Ruether (ed.), Faith and the Intifada. Palestinian Christian Voices, New York 1992. R. Radford Ruether/H.J. Ruether, The Wrath of Jonah. The Crises of Religious Nationalism in the Israeli-Palestinian Conflict, San Francisco 1993. Ein Überblick aus deutscher Feder: H. Suermann, Palästinesische Theologie im Zeitalter der Intifada, in: Oriens Christianus 78 (1994), 104–122. Zur Geschichte der palästinensischen christlichen Identität vgl. M. Raheb, Der reformatorische Erbe unter den Palästinensern, Gütersloh 1990; auch H. Suermann, Kultur und Kircheneinheit im Nahen Osten, in: M. Pankoke-Schenk/G. Evers (Hrsg.), Inkulturation und Kontextualität. Theologien im weltweiten Austausch (FS L. Bertsch), Frankfurt a.M. 1994, 87–99.

[3] Vgl. dazu sehr ausführlich Deutsches Weltgebetstagskomitee (Hrsg.), Dokumentation zum Weltgebetstag 1994 aus Palästina. Verfasserin: Stefanie Klein, Düsseldorf 1995. Klein hat hier mit hoher analytischer Kraft und sehr erhellenden Auswertungskriterien das Material aufgearbeitet und der Kritik unterzogen.

[4] Vgl. O. Fuchs, Die Stimme der Leidenden ist heilig!, in: Bibel und Liturgie 67 (1994) 2/3, 127–142.

[5] Zur Komplexität des Kontext- oder Kulturbegriffes vgl. G. Collet, Vom theologischen Vandalismus zum theologischen Romantizismus?, in: Pankoke-Schenk/Evers (Hrsg.), Inkulturation 37–49, hier 41 f., 45 f.; G. Baum, Inkulturation und multikulturelle Gesellschaft, in: Concilium 30 (1994) 1, 69–73. Damit der Kontextbegriff operabel bleibt, wird man ihn, analog zum Kulturbegriff, wohl immer nur für Populationen verwenden, die in einer gewissen Überschaubarkeit deutliche Abgrenzungsmerkmale aufweisen: Der palästinensische

Kontext meint somit nicht das ganze Land Palästina, sondern die dortige Personengruppe von Christen aus dem arabischen Bereich. Daß diese wiederum einen Subkontext in einem größeren Kontext (vor allem mit muslimischen Arabern) bilden, wäre die Thematisierung eines eigenen Verhältnisses. Ein weiteres Abgrenzungsmerkmal ist die Selbsterfahrung von Menschen, unterdrückt zu werden. Ein solcher Subkontext wird insbesondere die Beziehung zu dem größeren Kontext thematisieren, der als Ursache der Unterdrückung gilt. Man muß also genau hinschauen, von welchem kulturellen oder subkulturellen Kontext die Rede ist.

[6] Vgl. H. Alpheis, Kontextanalyse. Die Wirkung des sozialen Umfeldes, untersucht am Beispiel der Eingliederung von Ausländern, Wiesbaden 1988, 31.

[7] Ebd. 30.

[8] Ebd. 30.

[9] Vgl. ebd. 12.

[10] Vgl. ebd. 32 ff.

[11] Diesen Begriff bilde ich analog zum Begriff der »Sozialökologie«, der in der Sozialwissenschaft ebenfalls im Kontakt mit kontextbezogenen Fragestellungen entwickelt wurde: vgl. ebd. 37 ff.

[12] Unterschiedlich heißt immer in bestimmter Hinsicht auch widersprüchlich. Denn jede Unterschiedlichkeit kommt dadurch zustande, daß es partielle Gegensätze gibt. Man kann dem Begriff der Unterschiedlichkeit nicht dadurch den Zahn ziehen, daß man den Begriff Widersprüchlichkeit heraushält.

[13] Vgl. R.J. Schreiter, Abschied vom Gott der Europäer. Zur Entwicklung regionaler Theologien, Salzburg 1992.

[14] Vgl. O. Fuchs, Zwischen Wahrhaftigkeit und Macht. Pluralismus in der Kirche?, Frankfurt a.M. 1990, 62–87; zum Verhältnis von jüdischer Spiritualität und christlichen Auferstehungsglauben vgl. ders., Fluch und Klage als biblische Herausforderung, in: Bibel und Kirche 50 (1/2), 64–75, hier 71 ff.

[15] Frei nach F.-W Marquardt: Die Gegenwart des Auferstandenen bei seinem Volk Israel, München 1983.

[16] Zur Unterscheidung zwischen erfahrungsbezogenem und exklusiv-hegemonialem Erwählungsglauben, auch im Zusammenhang der Landverheißung, vgl. Raheb, Christ und Palästinenser 96-108; zur entsprechenden Unterscheidung von existentiellem und universalistischem Absolutheitsanspruch vgl. O. Fuchs, »Sein-Lassen« und »Nicht-im-Stich-Lassen«!, in: K. Hilpert/J. Werbick (Hrsg.), Mit den Anderen leben. Wege zur Toleranz, Düsseldorf 1995, hier 151 ff.

[17] Vgl. O. Fuchs, Ökologische Pastoral im Geiste Teilhards de Chardin, in: Orientierung 59 (1995) 10, 115–119.

[18] Vgl. H. Arendt, The Origins of Totalitarianism, San Diego, New York, London 1979 u.a. XII ff. Vgl. dazu die entsprechende Zionismuskritik bei T. Segev, Die siebte Million. Der Holocaust und Israels Politik der Erinnerung, Reinbek 1995; ders. in einem Spiegel-Gespräch: »Die revolutionäre Kälte«, in: Der Spiegel (1995) 14, 210–219; zu entsprechenden Beobachtungen im Deuteronomium (Antikanaanismus im Ersten Testament) vgl. O. Keel, Bertolt Brecht und das Erste Testament, in: Bibel und Kirche 50 (1995) 1/2, 13–19, hier 17 ff.

[19] C. Thoma, Das Messiasprojekt, Ausburg 1994, 181.

[20] So kann ich gut E. Zengers Vorschlag akzeptieren, beim »Alten« besser vom »Ersten« Testament zu sprechen. Das »erste« ist allerdings nicht primathaft zu verstehen, sondern explikativ als besondere Ausdrücklichkeit dessen, was überall in unterschiedlichen Formen der Fall sein kann.

[21] Im Paradigma hermeneutischer Überlegungen kommt V. Küster zu dem Ergebnis, daß die Bibel in ihrer Kontextualität ein »hermeneutisches Modell« für den lebendigen Prozeß der je neuen Kontextualisierung alter Traditionen in neuen Situationen sei: offen und herausfordernd für immer wieder neue kontextuelle »Hermeneutiken«: Models of Contextual Hermeneutics. Liberation and Feminist Theological Approaches compared, in: Exchange Vol. 23: 2 (1994) 9, 149–162.

[22] P. Suess, Welche Identität für das Christentum?, in: Orientierung 58 (1994) 21, 233–236, hier 236, vgl. dazu O. Keel, Die Diffamierung des Ursprungs, in: Neue Wege 88 (1994) 3, 71–78.

[23] W. Beinert, Art. Tradition, in: ders. (Hrsg.), Lexikon der katholischen Dogmatik, Freiburg i.B. 2/1988, 513–515, hier 515.

[24] Vgl. Keel, Brecht 18.

[25] Vgl. dazu K. Schatz, Inkulturation und Kontextualität in der Missionsgeschichte am Beispiel des Ritenstreits, in: Pankoke-Schenk/ Evers (Hrsg.), Inkulturation 17–36.

[26] Nicht von ungefähr hat man für die Festgabe für Ludwig Bertsch zum 65. Geburtstag die Überschrift »Inkulturation und Kontextualität« gewählt, vgl. Pankoke-Schenk/Evers (Hrsg.), Inkulturation, und darin besonders die Beiträge von G. Collet, H. Waldenfels und L. Wiedenmann.

[27] Vgl. T. Sundermeier, Inkulturation und Synkretismus, in: Evangelische Theologie 52 (1992) 192–209, 194.

[28] Vgl. E. Nunnenmacher, Art. Kultur, in: Lexikon missionstheologischer Grundbegriffe (hg. von K. Müller und T. Sundermeier) Berlin 1987, 2, 134–139, 238.

[29] Studien Nr. 115, vgl. H. Rzepkowski, »Religionen, Religiosität und christlicher Glaube« und »Redemptoris missio«, in: Evangelische Theologie 52 (1992) 262–276, 269 f.

[30] Vgl. A. Roest Crollius, Inkulturation und Inkarnation, in: Bulletin Seceratius pro non Christianis 13 (1978) 136–140; vgl. Rzepkowski, Religionen 270 ff.

[31] Suess, Identität 235.

[32] Vgl. F. Weber, Gewagte Inkulturation, Bamberg 1995 (Habilitationsschrift), 342.

[33] Vgl. Weber, ebd. 332 f.

[34] P. Feyerabend, Irrwege der Vernunft, Frankfurt a.M. 1989, 43.

[35] Vgl. dazu O. Fuchs, In der Sünde auf dem Weg der Gnade, in: Jahrbuch für biblische Theologie Band 9, Stuttgart 1984, 235–259.

[36] E. Klinger, Der Glaube des Konzils, ein dogmatischer Fortschritt, in: ders./K. Wittstadt (Hrsg.), Glaube im Prozeß. Christsein nach dem II. Vatikanum, Freiburg i.B. 1984, 615–626, hier 623.

[37] Klinger, Glaube des Konzils 619, vgl. 616.

[38] C. Mesters, »Seht, ich mache alles neu«, in: Bibel und Kirche 46 (1991) 1, 2–22, hier 2.

[39] Vgl. E. Kräutler, Fünfhundert Jahre Lateinamerika: Die Nacht ist noch nicht vorüber … (Schriften des Cusanuswerkes Nr. 2) Bonn 1992, 17.

[40] Dies hat eindrucksvoll F. Weber herausgearbeitet, in: Gewagte Inkulturation.

[41] Vgl. R. Bucher, Nietzsches Mensch und Nietzsches Gott. Das Spätwerk als philosophisch-theologisches Programm, Frankfurt a.M. 1986, 100–122.

[42] Vgl. Fuchs, Stimme der Leidenden 130 ff.

[43] Vgl. W. Ustorf, Missionsgeschichte als theologisches Problem, in: Zeitschrift für Mission 9 (1982) 19–29.

[44] Vgl. ebd. 24.

[45] Vgl. M.A. Oduyoye, Wir selber haben ihn gehört, Freiburg/Schweiz 1988, 109.

[46] Vgl. O. Fuchs, Plädoyer für eine radikale Pluralitätsethik, in: Zeitschrift für Missionswissenschaft und Religionswissenschaft 77 (1993) 1, 62–77.

Mitri Raheb

Zusammenarbeit von ChristInnen, MuslimInnen und JüdInnen im Nahen Osten

Konzeption und Modelle für die erzieherische Praxis in Schulen – Ein Thesenpapier

Der Versuch von pädagogischer Zusammenarbeit ist eine neue Idee im Nahen Osten. Von der Synode beauftragt, versuche ich seit etwa einem Jahr, eine neue Methodik des Religionsunterrichts zu entwickeln. Diese soll zwar evangelisch verwurzelt, aber interkonfessionell und interreligiös orientiert und kontextuell ausgerichtet sein. Diese neue Pädagogik hat ihre Chancen, sie ist aber auch mit Schwierigkeiten verbunden. Das Konzept soll im folgenden kurz vorgestellt werden.

I. Chancen des Dialogs aufgrund des Kontextes

1. Palästina ist für einen Dialog ein prädestinierter Platz. Bedingt durch die Geschichte ist die Gesellschaft hier durchgehend multikulturell geprägt. Als ein Durchzugsland wurde es zu einem Schmelztiegel verschiedener Völker und ihrer Kulturen. Wie kein anderes Land der Neuzeit ist das Land geprägt worden durch die Diaspora-Erfahrungen der Palästinenser wie der Israelis.

2. Palästina ist die Wiege der drei monotheistischen Religionen. Keiner dieser Religionen war es jemals möglich, die anderen beiden Religionen zu verdrängen. Dadurch

entstand eine Gesellschaft, die fast durchgehend multireligiös geprägt war und ist.

3. Auch im Christentum bestand von Anfang an ein Pluralismus, der durch ein Nebeneinander vieler verschiedener Konfessionen gekennzeichnet war. Die christliche Kirche in Palästina bildete zu keiner Zeit einen uniformen Block. Sie zeichnete sich durch eine lebendige Vielfalt aus.

4. In Palästina lebten ChristInnen und MuslimInnen seit dem siebten Jahrhundert zusammen. Obwohl die ChristInnen heute zu einer Minderheit geworden sind, so sind sie dennoch keine ethnische Minderheit. ChristInnen und MuslimInnen teilen heute die gleiche Kultur, Sprache und Geschichte. Sie verstehen sich als ein Volk.

5. Die neue politische Situation nach dem Beginn des Friedensprozesses bietet eine neue Chance für eine interreligiöse Zusammenarbeit. Es ist zu erwarten, daß der Dialog zwischen JüdInnen und MuslimInnen in der nächsten Zeit einen neuen Aufschwung erhält. Den arabischen ChristInnen kommt hierbei eine entscheidende Rolle beim Aufbau eines trilinearen Dialogs zu.

II. *Schwierigkeiten des Dialogs aufgrund des Kontextes*

1. Die neuzeitliche Geschichte Palästinas und der ganzen Region ist von den Ideen des arabischen Nationalismus geprägt worden. Der Nationalismus war gedacht als eine Befreiung aus dem religiös orientierten osmanischen Millet-System. Religion wurde meistens als ein Hindernis auf dem Weg zur Koexistenz angesehen. Deshalb wurde Religion entweder beiseite geschoben oder aber in die Privatsphäre abgedrängt. Das hatte außerdem eine Säkularisierung der Gesellschaft zur Folge, so daß heute dem

religiösen Dialog keine positive Rolle bei der Lösung der Konflikte dieser Region zugetraut wird.

2. Der wachsende religiöse Fundamentalismus bietet keine Hilfe dabei, diese Vorurteile abzubauen. Im Gegenteil, er zeigt deutlich, wie Religion politisch instrumentalisiert und so exklusiv aufgelegt werden kann, daß ein Dialog erschwert, ja manchmal sogar verteufelt wird.

3. Die immer noch vorhandene israelische Besatzung und der noch nicht gelöste arabisch-israelische Konflikt verringern auf beiden Seiten die Bereitschaft, sich auf einen Dialog einzulassen. Diese Situation trägt dazu bei, daß politisch-religiöse Stereotypen der jeweils anderen nur sehr langsam abgebaut werden können.

4. Palästina ist heute ein Teil der sogenannten »Dritten Welt« und ist von ungerechten ökonomischen Strukturen betroffen. Das bringt für den Dialog zwei Konsequenzen mit sich. Nach außen hin wird der Graben zwischen der »christlich-geprägten« westlichen Welt und der »islamisch-geprägten« arabischen Welt vertieft. Vorurteile werden dadurch nicht abgebaut. Nach innen hin entsteht die Situation, daß die zunehmende Armut von den Fundamentalisten instrumentalisiert wird, um zur Macht zu gelangen.

III. Methoden einer Pädagogik

Im folgenden sollen kurz vier Ansätze einer Pädagogik des Dialogs vorgestellt werden, die es in der Zukunft weiterzuentwickeln gilt.

1. Eine wichtige Methode des Dialogs ist zu lernen, die Dinge aus der Perspektive der anderen zu sehen. Ein Beispiel ist die Geschichte des Exodus. Sie stellt sich jeweils

völlig anders dar, je nachdem, ob man sie aus der Perspektive des jüdischen Volkes liest, für die sie die Befreiung bedeutete, oder ob man sie aus der Perspektive der Bevölkerung liest, die in dem Land lebte, in die das Volk Israel einwanderte. Die verschiedenen Sichtweisen können zu wechselseitiger Korrektur im eigenen Verständnis der Tradition führen und zu einem neuen Ethos, das ein Zusammenleben von Israelis und PalästinenserInnen ermöglicht.

Ein anderes Beispiel ist der Umgang mit Minderheiten. Es ist z.B. interessant zu vergleichen, wie Israel die sogenannte »arabische Minderheit« behandelt, und wie JüdInnen als eine Minderheit im europäischen bzw. amerikanischen Kontext behandelt werden möchten. Ein Austausch zwischen den christlichen Minderheiten in der westlichen Welt könnte ebenso interessant sein für die Entwicklung eines neuen Weltethos (obwohl mir klar ist, daß die arabischen ChristInnen keine ethnische Minderheit sind). Jede der drei Religionen sollte sich selbstkritisch befragen, ob ihr ethischer Anspruch auf Gleichbehandlung für die eigenen Minderheiten in der Diaspora mit dem eigenen praktizierten Umgang mit anderen Minderheiten in ihrem Kontext übereinstimmt.

2. Eine zweite Methode besteht darin, durch die gegenseitige Wahrnehmung und Verständigung eine Quersolidarität zu schaffen. Gemeinsame Probleme werden bewußt, so daß gemeinsam nach Lösungen gesucht werden kann.

Ein Bereich, in dem eine Quersolidarität möglich ist, ist die Aufgabe, die Rolle der Frauen in den verschiedenen Religionen neu zu definieren. Patriarchale Strukturen lassen sich in allen drei monotheistischen Religionen finden. Emanzipatorische Traditionen zu entdecken, wird zu einer gemeinsamen Herausforderung.

Ein weiteres wichtiges gemeinsames Thema sind fundamentalistische Strömungen, die in allen drei Religionen existieren. Wie kann mit ihnen umgegangen werden und welche Gegenkonzepte kann man entwickeln? Schließlich geht es darum, die befreienden Elemente im Judentum, Christentum und Islam zu entdecken, um gemeinsame Schritte hin zu Frieden und Gerechtigkeit zu finden.

3. Eine weitere Methode besteht darin, die Kontextualität der jeweiligen Religion wahrzunehmen und zu bejahen. Andernfalls wird Religion zu einer Abstraktion, die dann nichts mit der Wirklichkeit zu tun hat. Die eigene Religion wird auf diese Weise verabsolutiert und isoliert, so daß eine Relation zu den anderen Religionen nicht mehr möglich wird. Durch die Methode der Kontextualität wird die Interaktion und Interrelation und d.h. die Gemeinsamkeit zwischen den Religionen sichtbar gemacht.

4. Eine vierte Methode beinhaltet, den Reichtum an geschichtlichen Erfahrungen sowie die pluralistischen Traditionen der verschiedenen Religionen zu entdecken. So können stereotype Bilder abgebaut und Ehrfurcht vor den anderen Religionen gelernt werden.

IV. Themen einer Pädagogik

1. Ein wichtiges Thema für eine interreligiöse Zusammenarbeit ist das Verhältnis von Religion und Politik. Besonders im Nahen Osten sind diese beiden Größen nicht voneinander zu trennen.

Sie dürfen aber nicht vermischt werden. Es muß ernsthaft danach gefragt werden, welchen positiven Beitrag die Religionen für Gerechtigkeit, Frieden und einen neuen Mittleren Osten leisten können. Um eine Antwort zu finden, ist es wichtig, den Einfluß, den Theologie und Religion auf gesellschaftliche Entwicklungen haben, zu untersuchen. Ein wichtiger Aspekt, den es dabei zu stärken gilt, ist die prophetische Rolle der Religionen.

2. Ein zweites Thema, das es zu behandeln gilt, ist das Verhältnis Gottes zu den Menschen und die Stellung der Menschen in der Religion. Für uns im Nahen Osten, wo mehrere Religionen wie Nationen nebeneinander existieren, ist dieses Thema von großer Wichtigkeit. Dabei gilt es vor allem, die Beziehung der »Gottesrechte« zu den »Menschenrechten« näher zu bestimmen. Religion darf nie gegen Menschen gebraucht werden und Gott nie gegen Menschen ausgespielt werden. Religiös sein muß ein Synonym werden für »In Wahrheit Mensch sein«.

3. Ein drittes Thema ist das Verhalten von Religion zu Wissen und Logik. Religion bedarf des verantworteten Wissens, damit sie nicht naiv, fanatisch oder irrational wird. Jede Ausübung von religiöser Macht und Autorität muß daher »der Absicht Gottes mit der Welt dienen und von den Menschen verantwortet werden, in deren Namen dies geschieht«. Der denkende und zugleich in der Liebe kreativ wirkende Glaube ist hier gefragt.

4. Als viertes Thema gilt es darüber nachzudenken, in welchem Verhältnis Glaube und Geschichte zueinander stehen. Es ist an der Zeit, das retrospektive Verständnis von Geschichte zu hinterfragen, da es fundamentalistische Argumentationen unterstützt, die sich oft auf eine bestimmte Periode in der Geschichte berufen, die sie wiederherstellen möchten. Statt dessen ist ein dynamisches Geschichtsverständnis zu fördern, das über Thora, Neues Testament und Koran hinaus eine gemeinsame Perspektive für alle im Blick hat.

MITRI RAHEB

Zentren der Theologie, des Dialogs
und der Begegnung

In den siebziger Jahren, verstärkt aber in den achtziger Jahren, begann unter den christlichen Palästinensern eine rege theologische Arbeit, die die Bibel mit der gelebten Realität zu verbinden suchte. Der Alltag stellte die Christen vor viele Fragen und forderte ihren Glauben heraus. Die christliche palästinensische Identität wurde ein Zentralthema, zu dem viele Gruppierungen, Zentren und Organisationen gegründet wurden.

Das Komitee »Justitia et Pax«, Abteilung Jerusalem, war das erste Forum, das die Thematik der christlichen Identität auf die Tagesordnung setzte. Bereits 1980 wurde eine erste Veröffentlichung mit dem Titel »Unser christlicher Glaube und politisches Bewußtsein« herausgegeben, gefolgt von einer zweiten Veröffentlichung im Jahre 1983 mit dem Titel »Muslime und Christen gemeinsam auf dem Weg«.

Nach dem Beginn der palästinensischen Intifada Ende 1987 arbeitete die Kommission an der Veröffentlichung unterschiedlicher Broschüren, die vor allem die politischen Geschehnisse während der Intifada zum Thema hatten: »Sechs Monate palästinensische Intifada: die gefährliche Lage verlangt eine schnelle Lösung« (1988); »Die israelische Politik, Häuser abzureißen«; »Die Bildungssituation in Palästina« (1989); »Rettet den Frieden« und »Das Massaker an den sieben palästinensischen Arbeitern von Rishon Etzion« (1990).

Als zweites Forum gilt das »Kyrill-Zentrum für religiöse Erziehung«. Das Zentrum war am Anfang von dem griechisch-katholischen Bischof Lutfi Laham gegründet worden und hat sich in der Zwischenzeit zu einer Organisation entwickelt, die mit der pädagogischen Fakultät der Universität Bethlehem verbunden ist. Leiter des Zentrums ist z. Zt. Pater Dr. Maron Laham.

Dieser ersten Phase der Forenbildung folgte bald eine zweite, die durch Institutionalisierung gekennzeichnet war. Es entstanden mehrere Institutionen, die sich heute um die Entwicklung von Theologie, die Durchführung von Dialog und die Organisation von Begegnungen kümmern. Diese institutionalisierten Zentren sollen hier vorgestellt werden.

A. Das Al-Liqa'-Zentrum:
Zentrum für religiöse und kulturelle Studien im Heiligen Land

Das arabische Wort »Liqa'« ist die Bezeichnung für »Zusammenkunft«. Das Zentrum ist nämlich als ein Ort gedacht, an dem Christen und Muslime zusammenkommen.

Die Anfänge des Al-Liqa'-Zentrums lagen im ökumenischen Zentrum für religiöse Studien (Tantur). Dort wurde Anfang der achtziger Jahre ein Programm unter dem Thema »Christentum im Heiligen Lande« entwickelt, das von Dr. Geries Khoury geleitet wurde. Einige Jahre später zog Dr. Khoury aus Tantur aus und gründete (1988) gemeinsam mit mehreren christlichen und muslimischen Palästinensern das Al-Liqa'-Zentrum.

Al-Liqa' führt verschiedene Aktivitäten und Konferenzen durch und veröffentlicht jährlich verschiedene Publikationen in arabischer Sprache. Dr. Geries Said Khoury leitet das Zentrum. Im folgenden sollen die wichtigsten genannt werden:

Die Konferenzen des Al-Liqa'-Zentrums:

a) Konferenz des arabischen Erbes für Muslime und Christen im Heiligen Land

Die Konferenz begann ihre Arbeit 1983 und bemühte sich, das gemeinsame Erbe der Christen und Muslime des arabisch-palästinensischen Volkes ins Bewußtsein zu heben.

Das Zentrum hat bis jetzt zwölf solcher Konferenzen veranstaltet, an denen unterschiedliche TheologInnen, AkademikerInnen und Laien, sowohl MuslimInnen wie ChristInnen, teilgenommen haben.

Folgende Themen wurden auf diesen Konferenzen diskutiert:

Elemente der Gemeinsamkeit zwischen Christen und Muslimen des Heiligen Landes (1984); Das Gottesverständnis der Religionen und die Beziehung zwischen Religion und Staat (1985); Das Verständnis von Krieg und Frieden im Christentum und Islam (1986); Feste, Feiertage und heilige Stätten des Christentums und des Islams in Palästina (1987); Soziale Probleme (1988); Menschenrechte (1989); Eine gemeinsame Sicht einer gemeinsamen Zukunft (1990); Der zweite Golfkrieg (1991); Jerusalem, Stadt des Friedens (1992); Die neue Weltordnung (1993); Auf dem Weg zu einer Erziehung, die das Zusammenwachsen von Christen und Muslimen vorantreibt (1994). Die Unterlagen dieser Konferenzen sind alle im Zentrum dokumentiert und in Buchform in arabischer Sprache veröffentlicht.

b) Konferenz für Theologie und Kirche im Heiligen Land

Die Konferenz begann 1987 ihre Arbeit mit dem Ziel, eine kontextuelle palästinensische Theologie zu entwickeln, die die Basis einer ökumenischen Bewegung werden kann. Aus

dieser Konferenz entstand das Hauptdokument, die
»Magna Charta« der kontextuellen Theologie im Heiligen
Land. Es war das erste ökumenische Dokument in Palästina, an dem mehrere Theologen wie Laien gearbeitet
haben: Dr. Geries Said Khoury (Direktor des Zentrums
und der Konfession nach griechisch-katholisch), Dr. Peter
Qumri (griechisch-orthodox), George Hantelyam (armenisch), Dr. Shukri Zanbar (griechisch-orthodox), Pater
Dr. Rafiq Khoury (römisch-katholisch), Dr. Adnan Musallam (römisch-katholisch), Pfr. Munib Younan (evangelisch-lutherisch) und Dr. Yousef Saknoun (maronitisch).

Bis jetzt wurden insgesamt neun solcher Konferenzen
gehalten, mit folgenden Themen:

Das Lesen der Bibel im palästinensischen Kontext (1987);
Kontinuität und Gemeinschaft in der Theologie (1988);
Gerechtigkeit und Frieden (1989); Auswanderung der Christen aus Palästina (1990); Die christlich-palästinensische
Präsenz und die Herausforderungen der Zeit (1991); Die
einheimische Kirche in Palästina und die Jugend (1993);
Die Herausforderungen an die Kirche in Palästina (1994).

c) Trilinearer Dialog

Mitten in den Auseinandersetzungen während der Intifada
begann das Al-Liqa'-Zentrum, Konferenzen zum jüdisch-christlich-muslimischen Dialog zu veranstalten. Von der
Notwendigkeit eines Dialogs zwischen den palästinensischen Christen und Muslimen mit Mitgliedern der Friedensbewegung jüdischen Glaubens überzeugt, organisierte
das Zentrum gemeinsam mit unterschiedlichen internationalen Organisationen verschiedene Konferenzen für die
AnhängerInnen der drei monotheistischen Religionen.

Der erste Konferenz stand unter dem Motto »Das Heilige Land in den drei monotheistischen Religionen« (Schwe-

den, 1990); »Der Palästina-Konflikt und die Religionen«
(Assisi, 1991); »Der positive Beitrag der Religionen zur
Lösung des israelisch-arabischen Konflikts« (Japan, 1992);
»Die Bedeutung Jerusalems in den drei monotheistischen
Religionen« (Schweiz, 1993); »Toleranz im Judentum,
Christentum und Islam« (Jerusalem, 1994).

Weitere Publikationen des Al-Liqa'-Zentrums:
Al-Liqa'-Journal

Das Journal wird seit 1987 viermal im Jahr herausgegeben.
Herausgeber sind verschiedene Personen aus dem religiösen und akademischen Kreis unterschiedlicher christlicher Kirchen. Die Anfänge des Journals waren sehr einfach, wurden aber immer mehr vorangetrieben, so daß das
Journal heute eine der besten christlichen Zeitschriften im
arabischen Raum geworden ist.
Das Al-Liqa'-Zentrum begann zudem 1992 mit der peri-
odischen Herausgabe einer englischsprachigen Zeitschrift
»Al-Liqa'-Journal«, mit dem Ziel, die palästinensische
Theologie ins Englische zu übersetzen und somit die Verbindung zwischen der lokalen und der universalen Kirche
zu unterstützen und der Stimme der Muslime und Christen Palästinas weltweit Gehör zu verschaffen.

B. Sabeel: Zentrum für palästinensische Befreiungstheologie

Die Ursprünge des Zentrums gehen auf das Jahr 1989
zurück, wo ad hoc ein Komitee aus zehn christlichen Geistlichen und Laien entstand, die sich darum bemühen wollten, »nach Wegen zu suchen, wie eine palästinensische
Befreiungstheologie zu entwickeln« ist. Im März 1990 hat

das Komitee dann in Tantur seine erste und bis jetzt einzige Konferenz mit internationaler Beteiligung veranstaltet. Deren Beiträge wurden in Englisch[1] veröffentlicht.

Aus diesen Aktivitäten entstand das Zentrum »Sabeel«. Der Name bedeutet im Arabischen »der Weg« und ebenso »Wasserquelle«. Im Komitee des Zentrums arbeiten ChristInnen aus verschiedenen Konfessionen mit, die auch in anderen Gremien tätig sind. Im Jahre 1994 begann das Zentrum einen Rundbrief mit dem Titel »Cornerstone« zu veröffentlichen. Seinen Sitz hat Sabeel an der anglikanischen St. George's Kathedrale in Ostjerusalem.

Die Entwicklung einer Befreiungstheologie antwortet auf die Notwendigkeit, den christlichen Glauben auch im Alltag der Besatzung zu verantworten. Die theologische Bearbeitung will ausdrücklich die theologischen Entwicklungen anderer Länder, in denen auch befreiungstheologische Ansätze entwickelt wurden, mit einbeziehen.

Sabeel bietet Gespräche und Kurse für palästinensische ChristInnen an, um ihnen die Möglichkeit zu geben, ihren Glauben zu reflektieren und ihn mit ihren Lebensbedingungen in Beziehung zu setzen. »Recht und Gerechtigkeit darf nicht nur ein politisches, sondern muß auch ein theologisches Anliegen sein«, heißt es in einem Faltblatt des Zentrums. Dies wird durch Tagesveranstaltungen und Sommerkurse umgesetzt.

Auch für BesucherInnen und Gruppen bietet Sabeel eine Anlaufstelle. Die MitarbeiterInnen halten Vorträge und organisieren Begegnungen zwischen ausländischen ChristInnen und PalästinenserInnen.

C. Das Internationale Begegnungszentrum – Bethlehem

a) Gästehaus Al-Gubran

Die Ursprünge des Zentrums gehen auf das Jahr 1992 zurück, als die Evang.-Luth. Weihnachtskirche in Bethlehem ihr Zentrum eröffnete. Ein Haus auf dem Kirchengelände konnte umgebaut und zu einem internationalen Begegnungszentrum mit einem Gästehaus ausgebaut werden. Das Gästehaus Al-Gubran will mehr als ein Hotel sein. Mitten in der Oberstadt von Bethlehem gelegen, bietet es eine gute Ausgangslage für Besuche in der Westbank und Jerusalem. Das Haus soll arabische Gastfreundschaft und damit ein Stück Kultur des Landes vermitteln. Deshalb werden die Gäste durch ausschließlich arabisches Essen und einheimische Produkte verpflegt.

Unterschiedliche Aktivitäten finden in dem Internationalen Begegnungszentrum statt, das Reisenden und Gruppen offensteht.

b) Programme zu »alternativem Tourismus« im Heiligen Land

Palästinensische ChristInnen erleben häufig, daß viele TouristInnen zwar die Kirchen besuchen, nicht aber den Dialog mit den Gläubigen im Land suchen. Oft lassen herkömmliche Reiseprogramme auch wenig Zeit dafür. Um solche Begegnungen mit den Menschen im Heiligen Land zu ermöglichen, bietet das Bethlehemer Zentrum Programme für Gemeindegruppen, Jugendgruppen und StudentInnengruppen an. Das Zentrum organisiert Begegnungen, Besichtigungen in der Westbank, Besuche bei wichtigen Institutionen und Gespräche, je nachdem, wieviel Zeit die Gruppen haben.

Speziell für Jugendgruppen gibt es Workcamps, in denen halbtags gearbeitet wird; für die restliche Zeit werden Besichtigungen und Begegnungen mit palästinensischen Jugendlichen angeboten.

Durch die Zusammenarbeit mit den Universitäten gibt es für StudentInnengruppen die Möglichkeit, Begegnungen mit Angehörigen der palästinensischen Universität zu erleben. Gespräche und Treffen mit Menschen der unterschiedlichen Religionen bieten die Möglichkeit, unterschiedliche Traditionen und politische Einstellungen kennenzulernen.

c) »Entwicklung und Glaube«

Die wirtschaftliche Lage in den Besetzten Gebieten (einschließlich der Autonomie-Gebiete) ist nach wie vor dramatisch schlecht. Viele Familien haben kein Einkommen, weil die Arbeitsplätze in Israel durch die Absperrungen wegfielen. Auch die einheimische Wirtschaft litt unter den Einschränkungen der Bewegungsfreiheit, die selbst innerhalb der Besetzten Gebiete gelten. Der innerpalästinensische Handel ist fast zum Erliegen gekommen, weil der Zugang zu Jerusalem als Handelszentrum und zu anderen Zentren nach wie vor gesperrt ist. Besonders landwirtschaftliche Erzeugnisse, die leicht verderblich sind, können nicht genügend abgesetzt werden.

Aus der Überzeugung heraus, daß Glaube und christliches Handeln auf die existentiellen Nöte der Menschen reagieren muß, entwickelte sich aus der Arbeit in dem Zentrum ein Kreditprojekt, um kleine Familienbetriebe, deren Existenz bedroht ist, zu unterstützen. Das Zentrum vergibt günstige Darlehen, die helfen sollen, die eigene Infrastruktur zu stärken und Familien ihr Einkommen zu sichern.

d) Internationale Begegnungen

Im Zentrum werden internationale Begegnungen zu unterschiedlichen Themen organisiert. Als Ort, der viele BesucherInnen aus dem Ausland anzieht, bieten sich dafür gute Bedingungen. Diesem Arbeitsschwerpunkt liegt die Überzeugung zugrunde, daß internationaler Austausch zu konzeptionellen Fragen etwa der Theologie, der Pädagogik, der Schularbeit, der Frauenarbeit notwendig ist. Er öffnet Horizonte und neue Perspektiven und hilft, die eigenen kontextuellen Bedingungen besser zu verstehen.

Diese Zentren sind nur einige Beispiele verschiedener Ansätze in Palästina, durch Begegnungen der Religionen und Konfessionen im Land einen Beitrag zum Frieden zu leisten. Die Angebote zu Begegnungen mit ChristInnen aus anderen Ländern sollen die ökumenischen Beziehungen zwischen den Kirchen unterschiedlicher Länder vertiefen und das gegenseitige Verstehen und die Solidarität vertiefen.

Anmerkung

[1]   Naim Stifan Ateek / Marc Ellis / Rosemary Radford Ruether (Hg.), Faith and the Intifada, New York 1992.

Rainer Zimmer-Winkel

In pulchritudine pacis[1]

Michel Assaad Sabbah –
Lateinischer Patriarch von Jerusalem

Dezember 1987.

Am Beginn dieses Monats startet in Gaza die Intifada, der Aufstand des palästinensischen Volkes gegen die israelische Besatzung: Zwanzig Jahre Unterdrückung und eine noch längere Geschichte der verweigerten Selbstbestimmung sollen ein Ende finden.

Am Ende dieses Monates, genau am 28. Dezember 1987, verkündet der Vatikan die Ernennung des neuen lateinischen Patriarchen von Jerusalem: Die Wahl ist auf Michel Sabbah gefallen, eine Entscheidung, die besonders in jenen Tagen, auch international, Aufsehen erregt.

Doch blenden wir zurück: Ein lateinischer Patriarch, dieser Titel weckt verschiedenste Assoziationen. Er bezeichnet im katholischen Kirchenrechtsverständnis einen Bischof, dem kraft Geschichte und Tradition ein bestimmtes Ehrenprivileg zukommt.[2]

Lateinisch ist das Patriarchat von Jerusalem in zweierlei Hinsicht: Zum einen bezeichnet es diejenige römische Teilkirche, deren Liturgiesprache Latein war und zum Teil noch ist, und zum zweiten weist der Begriff auf die Errichtung besonderer Bischofssitze zur Zeit der Kreuzzüge hin[3], als nach der Jahrtausendwende im Streit zwischen ost- und weströmischem Kirchenverständnis erloschene oder (angeblich) nicht besetzte Bischofssitze aus römischem Machtanspruch neu errichtet wurden. Die alten Patriarchatssitze (Konstantinopel, Alexandrien und Antiochia) blieben später nur als (nicht mehr besetzte) Titularsitze erhalten, der lateinische Patriarch von Jerusalem hatte zwischen 1099 und 1291 seinen Sitz wirklich im Heiligen Land.

Am 23. Juli 1847 wurde der nach dem Ende der Kreuzfahrerherrschaft nur als Titularsitz[4] vorhandene bischöfliche Stuhl mit der (Wieder-)Errichtung des lateinischen Patriarchates zurück nach Jerusalem verlegt. Sieben Patriarchen haben seit dieser Zeit der Kirche von Jerusalem als lateinische Patriarchen gedient[5], Michel Assad Sabbah ist in dieser Reihe der erste Palästinenser. Er wurde am 19. März 1933 in Nazareth, damals englisches Palästina-Mandat, geboren; er erhielt seine Ausbildung am Seminar in Beit Jala und wurde am Fest Peter und Paul, am 29. Juni 1955, in Nazareth zum Priester geweiht. Nach zweijähriger Tätigkeit als Vikar in Madaba begann seine Tätigkeit als Lehrer und Hochschullehrer, immer wieder unterbrochen durch den Dienst in Pfarreien und in der Seelsorge; 1981 wurde er schließlich Präsident der Universität Bethlehem.

Am 6. Januar 1988 wurde er in Rom zum Bischof geweiht und ergriff am 17. Januar 1988 von seiner Diözese Besitz; zu ihr zählen etwa 65 000 Gläubige, die in 57 Gemeinden in Israel, den Besetzten Gebieten, Jordanien und auf Zypern leben.

Was bedeutet es nun, wenn der Vatikan, gemäß den Beschlüssen des 2. Vatikanischen Konzils (1962–65), wie es heißt, einheimische Bischöfe einsetzt?

Einige wichtige Faktoren sollten in den Blick genommen werden, um diese Berufung und ihr Umfeld besser zu verstehen.

Michel Sabbah gehört einer Generation von Palästinensern an, deren ganzes Leben von der Auseinandersetzung mit der zionistischen Einwanderung und dem Werden des

Staates Israel geprägt ist. Als 15jähriger Junge erlebt er die »Nakba«[6], die Katastrophe seines Volkes: Vertreibung und Flucht, Besatzung und Zerstreuung. Sein Volk wird über den ganzen Nahen Osten verteilt, soziologisch gesprochen verliert die palästinensische Gesellschaft ihren traditionellen Zusammenhalt und wird zu einer Flüchtlingsgesellschaft.

Der Zeitpunkt seiner Ernennung fällt in eine politisch entscheidende, neue Phase: Mit dem Volksaufstand der Intifada rückt »die palästinensische Frage« wieder in den Blick der internationalen Gemeinschaft; die Wahl Sabbahs wird in diesem Zusammenhang zu einer auch politischen Entscheidung.[7] Mit der Wahl Michel Sabbahs wird für die Weltöffentlichkeit sichtbar, daß es auch palästinensische Christinnen und Christen gibt, eine einheimische, lokale Kirche also. Durch seine Entscheidung solidarisiert sich der Vatikan zugleich mit dem Anliegen der Palästinenser.[8] Gleichzeitig werden auf verschiedenen Ebenen die Kontakte und Gespräche mit dem Staat Israel und mit jüdischen Organisationen weitergeführt, die schließlich am Jahresende 1992 zur Aufnahme diplomatischer Beziehungen zwischen Israel und dem Vatikan führen.

Mit Michel Sabbah, der als Seelsorger wie auch durch seine akademische Tätigkeit unter den Menschen Palästinas einen guten Ruf genießt, wurde ein Mann zum Bischof von Jerusalem, der immer ein Verfechter des Dialoges, aber auch ein klarer Anwalt gegen die Unterdrückung war. So rief er in seiner Weihnachtsansprache 1994 entschieden und deutlich zur Freilassung der von der israelischen Besatzungsmacht Inhaftierten auf, ihre fortdauernde Haft behindere den Friedensprozeß.

Über die Beziehungen Israels und Palästinas äußerte sich Sabbah in einer Erklärung im Februar 1989: »Nur die Versöhnung auf der Basis der Gerechtigkeit und der Rechtstaatlichkeit kann jeder der beiden Parteien eine ruhige und sichere Zukunft garantieren.«[9]

Schon im Sommer 1988 forderte er von den Christinnen und Christen eine aktivere Rolle im nahöstlichen Friedensprozeß, auch angesichts der hohen Auswanderungszahlen. Er betonte dabei programmatisch die Aufgabe jedes Christen und jeder Christin bei der Verteidigung der Menschen gegen Ungerechtigkeit und Aggression. Die Kirche dürfe, so Sabbah, angesichts der verletzten Menschenwürde nicht schweigen; Christsein dürfe sich nicht auf die Teilnahme an liturgischen Feiern beschränken.[10] Sabbah ist dabei als Bischof der Hirte einer Kirche, die sowohl aus israelischen Staatsbürgern, als auch aus Menschen mit einem jordanischen Paß und solchen mit einer israelischen »Aufenthaltserlaubnis« für die Besetzten Gebiete besteht. Damit erlebt er in seiner eigenen Kirche hautnah alle Brüche und Spannungen, denen die christlichen Gemeinden im Heiligen Land ausgesetzt sind.

In seinen Hirtenworten entfaltet er darüber reflektierend seine Theologie: »Diese heilige Stadt, dieses heilige Land ist auch unser. Dieser Ort ist unsere Bleibe. Wir leben hier, und wir begraben hier unsere Toten.«[11] Die Kirche von Jerusalem ist eine Kirche in der Tradition der Apostel, die dem Land verbunden und in ihm verwurzelt ist, auch Palästinenserinnen und Palästinenser leben in *ihrem* Land, aus dem sie nicht verdrängt werden wollen. Sabbah fährt an dieser Stelle fort: »Und heute leiden wir für die bloße Tatsache, hier zu sein.«[12]

Er unterscheidet in diesem Hirtenwort sehr klar die biblische von der gegenwärtigen Geschichte und ruft dazu auf, die politischen Gegebenheiten eines modernen Staates sowie die religiösen Verpflichtungen und Verheißungen des jüdischen Volkes zu unterscheiden. Die Frage des Rechtes auf das Land und der Lebensbedingungen der

Menschen sei als politische Meinungsverschiedenheit eine Frage des internationalen Rechtes, nicht eine durch Gott und sein geoffenbartes Wort zugesprochene Landkarte.[13]

Schon in seinem Pastoralbrief »Erbittet für Jerusalem Frieden«[14], veröffentlicht zum Pfingstfest des Jahres 1990, hatte Sabbah ausgeführt, daß es einem besetzten Volk zukomme, »seine Rechte zu verlangen und sich politisch auf die Weise zu organisieren, die zu ihm paßt und die es schon dargelegt hat, und zwar als unabhängiger Staat.«[15] Im gleichen Schreiben bekennt sich Sabbah aber auch zu einem klaren Nein zur Gewalt. »Die Entscheidung der Kirche (...) ist klar und präzise: Nein zur Gewalt. (...) Die von der Kirche getroffene Wahl ist der Dialog über den Frieden, der Dialog der beiden Gegner. (...) Gewalt wird niemals Teil unserer Direktiven oder Ratschläge sein.«[16] Dabei übersieht der Patriarch keineswegs die Schwierigkeiten, die ein Aufruf zum Verzicht auf Gewalt bei so ungleich verteilter Macht wie im israelisch-palästinensischen Konflikt beinhaltet. Frieden und Sicherheit scheinen ihm dauerhaft nur im Rückgriff auf Dialog möglich zu sein, ein Anliegen, das er immer wieder betont.

In seiner Osterbotschaft 1995 wiederholt er eindringlich den Zusammenhang von Gerechtigkeit, Sicherheit und Frieden. Niemand dürfe in Jerusalem an Ostern feiern und die Leiden und Ungerechtigkeiten, welche die Palästinenser und Palästinenserinnen träfen, vergessen. Versöhnung müsse auf Gleichberechtigung beruhen; dies bedeute auch gleichberechtigten Zugang aller zu den Heiligen Stätten in der Heiligen Stadt, dadurch erst würden Sicherheit für Israelis und Freiheit für Palästinenser wechselseitig möglich.[17]

Immer wieder hat Sabbah in seinen Reden und Schreiben auf die besondere Bedeutung Jerusalems[18] für die Gesamtkirche verwiesen; sie habe als Mutterkirche eine besondere Stellung. Die Weltkirche bleibe aufgerufen, ihre palästinensische Schwesterkirche in Solidarität immer wieder zu besuchen und sich mit ihr und mit den betenden Menschen dieser Kirche auf den Weg zu machen.

Das Charisma dieser Kirche des Heiligen Landes brauche das Zeugnis und den Zuspruch der Pilgerinnen und Pilger aus aller Welt.

Zugleich müsse die einmalige und heilige Stadt Jerusalem selbst aber eine besondere Verfaßtheit erhalten, die sie allen drei großen Religionsgemeinschaften und beiden Nationen zur Stadt des Friedens und der Gerechtigkeit werden lasse.[19] In einer Rede im Frühjahr 1993[20] beschwört Sabbah die Grundvoraussetzung jeden zukünftigen Miteinanders von Juden, Christen und Muslimen in Jerusalem: »Ein authentischer Dialog beginnt, wenn wahre Gleichheit und gegenseitiger Respekt unter allen Partnern herrschen. Nur wenn Nachbarn wahrhaftig miteinander umgehen, nicht wie mit Feinden oder verdächtigen Fremden, können sie über eine gemeinsame Agenda diskutieren und entscheiden, um so die gegenseitigen Beziehungen zu vertiefen.«

Wohl erstmals seit dem Apostel Jakobus nimmt wieder ein Palästinenser den Stuhl des Bischofs von Jerusalem ein. Michel Sabbah trägt ein großes Erbe, er trägt es in einer für seine Kirche schwierigen Zeit. Als Bischof seiner Kirche ist er einem Frieden verpflichtet, der auf Gerechtigkeit beruht.

Anmerkungen

[1] Bischöflicher Wahlspruch Michel Sabbahs: Im Festschmuck des Friedens; nach der katholischen Tradition wählt ein neuer Bischof für sein Wappen ein Motto, unter dem sein Pontifikat stehen soll.
[2] CIC 438.
[3] IV. Laterankonzil 1215.

4 Titelkirche war die römische Patriarchalbasilika S. Lorenzo fuori le mura.

5 Giuseppe Valerga (1847–1872), Vincente Bracco (1873–1889), Luigi Piavi OFM (1889–1905), Filippo Camassei (1907–1919), Luigi Barlassina (1920–1947), Alberto Gori OFM (1949–1970) und Giacomo Beltritti (1970–1987).

6 Arabischer Ausdruck für die Ereignisse des Jahres 1948 und ihre Folgen für die palästinensische Gesellschaft.

7 Dabei darf allerdings nicht übersehen werden, daß es auch in anderen Kirchen des Nahen Ostens starke Bestrebungen gibt, den hohen Klerus aus der einheimischen Bevölkerung zu wählen; besonders stark, wenngleich (noch) wenig erfolgreich, ist diese Bewegung in der griechisch-orthodoxen Kirche.

8 So empfängt Johannes Paul II. im Frühjahr 1988 einige wichtige arabische Führer, den jordanischen König Hussein, den palästinensischen »Außenminister« Kadoumi (PLO) und den ägyptischen Präsidenten Mubarak.

9 Sabbah, Michel: »Aktion für den Frieden im Heiligen Land«, Köln, 12. Februar 1989.

10 KNA-Bericht vom 14. August 1988.

11 Sabbah, Michel: Hirtenbrief: »Im Lande der Bibel heute die Bibel leben und lesen«, Jerusalem 1993, Art. 63, S. 73.

12 A.a.O.

13 Vgl. a.a.O., Art 54, S.62 ff.

14 Sabbah, Michel: Pastoralbrief: »Erbittet für Jerusalem Frieden«, Jerusalem 1990.

15 A.a.O., Art. 54, S. 28.

16 A.a.O., Art. 55, S. 29.

17 Vgl. Sabbah, Michel: »Christus gab die Macht zur Versöhnung«, Die Welt, 15. April 1995, S. 7.

18 Vgl. Sabbah, Michel: Vorwort zu: Khoury, Rafiq: Palästinensisches Christentum – Erfahrungen und Perspektiven, Trier ²1993 (Kleine Schriftenreihe des Kulturvereins AphorismA Heft 7).

19 Vgl. Sabbah, Michel: »Der Beginn des Dialoges hat in vielen Herzen etwas bewegt«, Interview mit Christoph Strack, in: KNA vom 12. Dezember 1991.

20 Rede auf der Konferenz »Religious Leadership in Secular Society«, Jerusalem Februar 1993; Zitat eigene Übersetzung aus dem (noch) unveröffentlichten englischen Redemanuskript.

Teil 3

Christliche Frauen in Palästina

Rana Khoury

»Eine Frauenagenda ist das wichtigste Ziel«

Die Frauenbewegung in Palästina in diesem Jahrhundert

Es ist schwierig, die Geschichte der palästinensischen Frauenbewegung zusammenhängend darzustellen. Dies ist darauf zurückzuführen, daß diese Geschichte aus vielerlei Gründen nur fragmentarisch bekannt ist. Der wichtigste Grund ist, daß bis vor kurzem alternative Formen der historischen Überlieferung, z.B. die mündliche, für weniger verläßlich und legitim gehalten wurden als die wissenschaftlichen Formen, also beispielsweise schriftliche Quellen.[1]

Die Mehrzahl der überlieferten Informationen über die erste Phase der Frauenbewegung basieren aber gerade auf dieser mündlichen Tradition, weil sie die gebräuchlichste Art der Mitteilung und Meinungsäußerung war. Der Prozentsatz der Frauen, die lesen und schreiben konnten, war sehr klein, und somit hinterließen sie nur wenig schriftliches Material über ihre politischen Aktivitäten und Organisationen. Aber sogar diese wenigen existierenden Quellen ergeben ein unvollständiges Bild von der Frauenbewegung. Matiel Mogannams »The Arab Woman and the Palestine Problem« z.B., eines der wichtigsten Bücher über die frühe Geschichte der Frauenbewegung, endet etwa im Jahr 1932. Somit sind wir gezwungen, nach anderen Quellen zu suchen, um etwas über die Frauenbewegung der letzten Jahre vor der Entstehung des Staates Israel 1948 zu erfahren.

Ein weiterer Grund ist die Zerstreuung vieler PalästinenserInnen – und damit auch des Materials – nach 1948 in die

143

unterschiedlichen Länder, was das Sammeln von Informationen und das Zusammenfügen zu einer vollständigen Chronik der Frauenbewegung sehr erschwert. Trotz der Schwierigkeiten im Hinblick auf eine geordnete und zusammenhängende Darstellung kann man dennoch fünf voneinander abgrenzbare Zeitabschnitte in der Geschichte der Bewegung nennen. Sie hängen eng mit der politischen Entwicklung in Palästina zusammen.

1. 1920–29: Das erste Auftreten der Frauenbewegung auf dem Hintergrund der wachsenden Opposition gegenüber dem Zionismus und dem britischen Mandat.

2. 1936–39: Eine Zeit des Aufstandes in Palästina, in der die Frauenorganisationen einen wachsenden Militarismus an den Tag legten.

3. 1948–78: Die Frauenorganisationen hatten während dieser Zeit allein den Wohltätigkeits- und Hilfsservice für Flüchtlinge im Blick, ohne die Entwicklung im Rollenverhalten oder im Vertrauen auf ihre eigenen Fähigkeiten zu betonen.

4. 1978–87: Gründung der Frauenkomitees, deren Ziel es war, die Masse der Frauen sowohl für die nationale Sache als auch, wenn auch in geringerem Ausmaß, für den nationalen Kampf zu mobilisieren. Ihre dezentralisierte Struktur und ihr informeller Status ermöglichte es den Frauen, auf einer breiteren Basis zu arbeiten und ihre Aktivitäten so auszuweiten, daß sie nicht mehr nur auf ländliche Gebiete beschränkt waren.

5. 1987: In der Zeit der Intifada waren die Frauen an den täglichen Aktivitäten beteiligt, doch sie konnten nur wenig erreichen. Sie schafften es, wenn auch nur zeitweilig, eine gewisse Freiheit zu erlangen. Beispielsweise war es möglich, Bereiche des öffentlichen Lebens, wie z.B. die Straßen, zu besetzen, einen Bereich, der üblicherweise allein Männern vorbehalten war.

6. Diese Erfolge gingen jedoch schnell wieder verloren. Deshalb machte die Frauenbewegung – und macht es bis heute – einen Prozeß durch, in dem nach neuen Strategien gesucht wird. Sie versucht herauszufinden, wo Fehler lagen und was diese Bewegung im Endeffekt unfähig machte, die anfänglichen Erfolge während der Intifada zu festigen und zu institutionalisieren.

1. 1920–1929

Das Auftreten und die Entwicklung der Frauenbewegung ist eingebettet in die Erfahrungen der PalästinenserInnen im frühen 20. Jahrhundert. Die Frauen reagierten auf die spezifischen historischen und politischen Ereignisse, das britische Mandat und die lauter werdenden Ansprüche der Zionisten auf das Land Palästina.[2]

Dennoch kann man das Aufkommen der Frauenbewegung nicht allein als eine Antwort auf die vorher erwähnten Ereignisse interpretieren. Andere Kräfte waren ebenfalls am Werk. Dazu gehört die Umwandlung der sozialen Arbeit der Frauen selbst, sowie die veränderte Haltung der palästinensischen Gesellschaft gegenüber Frauen und deren Erziehung. Während dieser Phase begannen die Frauen, langsam in die öffentliche Sphäre einzudringen. Sie nahmen an Demonstrationen teil, z.B. am 27. Februar 1920 in Jerusalem: Zusammen mit 40 000 anderen protestierten palästinensische Frauen gegen die Politik und Praktiken der Mandatsmacht und die wachsende jüdische Immigration nach Palästina.[3]

Palästinensische Frauen gründeten 1921 in Jerusalem ihre erste politische Vereinigung, die Palästinensische Frauenvereinigung (PWU), weil die restriktiven kulturellen Normen eine Vermischung der Geschlechter verboten.[4] Diese Organisation wurde von einer Gruppe gebildeter, in Städten lebender Frauen aus der gehobenen Schicht gegründet und von einer Christin, Milia al-Sakakini, und einer Muslimin, Zlikhah Ishaq al-Shahabi, geleitet. Ihr Anliegen war es, sich mit den sozialen Bedürfnissen der Bevölkerung auseinanderzusetzen und den Lebensstandard der Armen zu verbessern, und zwar in einer Zeit, in der die Bauern mit Gewalt von ihrem Land vertrieben wurden.

Diese Vereinigung kümmerte sich z.B. um Bildung für Mädchen, Kindererziehung und -beschäftigung, Essen- und Kleiderspenden, finanzielle Unterstützung der Bedürftigen etc. Indem sie diese verschiedenen Wohltätigkeitsaktivitäten durchführte, protestierte sie indirekt auch gegen die instabile politische und wirtschaftliche Situation in Palästina.

Im Anschluß an die Gründung der Palästinensischen Frauenvereinigung und anderer wohltätiger säkular-nationalistischer und religiöser Organisationen organisierten die Frauen am 26. Oktober ihre erste Konferenz. Diese erste arabische Frauenkonferenz Palästinas fand in Jerusalem statt und wurde von etwa 300 Frauenvertreterinnen der verschiedenen Vereinigungen und Gesellschaften der palästinensischen Städte und Ortschaften besucht. Die wichtigsten Programmpunkte auf der Agenda waren die gegenwärtige politische und soziale Situation und das Erarbeiten eines Frauenprogramms, gedacht als Konfrontation und als Protest gegen die britische Politik. Das Frauenprogramm betonte verschiedene Arten des Kampfes, alle Maßnahmen waren jedoch friedlich. Dazu gehörten Demonstrationen, Konferenzen, das Verteilen von Flugblättern, das Schreiben von Protestbriefen und Appellen an den König von England, an ausländische Botschaften und an die Vereinten Nationen.[5]

Der Kongreß von arabischen Frauen (1929) war vor allem insofern wichtig, als er die Art der Beziehung zwischen der Frauenbewegung und der nationalen Bewegung festlegte, eine Form der Beziehung, die bis heute vorherrschend ist. Die Frauenbewegung wurde eng an die Nationalbewegung angebunden, so daß ihre Ziele mit denen der nationalen politischen Bewegung übereinstimmten. Jeder Ausdruck von Feminismus wurde auf diese Weise von den nationalen Belangen überschattet, was in großem Ausmaß jegliche autonome Entwicklung der Frauenbewegung verhinderte und ihr Engagement sowohl im Bereich der Frauenfragen als auch bei geschlechtsspezifischen Fragen schwächte.

Drei Resolutionen wurden bei dem Kongreß verabschiedet und zeigen deutlich, wie sehr sich die Frauenbewegung mit der nationalen Frage beschäftigte. Diese Resolutionen lauteten:

1. Die arabische Frau Palästinas sollte in sich das Nationalgefühl erwachen lassen, so wie es in den Nachbarländern geschieht.

2. Der Kongreß unterstützt die Entscheidungen der voranschreitenden Kongresse der Nation.

3. Nationaler Handel und nationale Industrie sollten mit allen Mitteln vorangetrieben werden und wirtschaftliche Bande mit Syrien und anderen arabischen Ländern ausgebaut werden.[6]

Die soziale Emanzipation der Frau stand nicht im Vordergrund. Auch wenn die erste Resolution des Kongresses von 1929 besagte, daß die Frauen eine nationale Bewußtwerdung in Bewegung bringen sollten, war dies vor allem darauf gerichtet, Frauen für die nationale Sache zu mobilisieren. Es ging aber nicht darum, sich mit der sozialen Befreiung oder den sozialen Restriktionen und Traditionen auseinanderzusetzen, die einen politischen Aktivismus unter den Frauen verhinderten. Diese Nichtbeachtung der Frauenfragen beim Kongreß von 1929 spiegelte die Haltung der Frauenbewegung insgesamt wider. Denn abgesehen von dem Ruf nach Bildung für Mädchen stellte die Frauenbewegung weder das Verhältnis von Frauen und Männern nachhaltig in Frage, noch engagierte sie sich für eine Veränderung des Status quo. Es gab keine dramatischen öffentlichen Aktionen zur sozialen Emanzipation, wie das Ablegen des Schleiers, wie es ihre ägyptischen Genossinnen getan hatten. Im persönlichen Auftreten waren die palästinensischen Frauen die letzten der arabischen Frauen aus den oberen Klassen, die den Schleier ablegten und aus ihrer formalen Abschließung heraustraten.

Der Kongreß von 1929 und die Frauenbewegung überhaupt zeigten die Harmonie zwischen den christlichen und den muslimischen Palästinenserinnen. Palästinensische christliche Frauen, eine Minderheit unter den Palästinensern, da die Christen nur etwa 15 Prozent der gesamten palästinensischen Bevölkerung ausmachen, waren aktiv in der Frauenbewegung und herausragend in den Organisationen und Vereinigungen. Ich habe schon erwähnt, daß die Palästinensische Frauenvereinigung sowohl von einer Muslimin als auch von einer Christin geleitet wurde. Auch in dem Exekutivkomitee der arabischen Frauen, das 14 Mitglieder zählte und während des Kongresses der arabischen Frauen gewählt worden war, um die Umsetzung der beim Kongreß verabschiedeten Resolutionen sicherzustellen, war die Generalsekretärin eine Christin.[7] Die Palästinenserinnen betonten selbst den nicht-sektiererischen Charakter der Frauenbewegung und erlaubten der britischen Mandatsmacht nicht, ihre Aktivitäten als sektiererisch und religiös zu belächeln. Besonders ein Zwischenfall, der sich 1933 in Jerusalem ereignete, demonstriert die Einigkeit zwischen Christen und Muslimen. Während eines Besuchs Lord Allenbys, des Hauptbefehlshabers der Alliierten Streitkräfte in Palästina während des Ersten Weltkriegs, organisierte das Exekutivkomitee der arabischen Frauen einen Marsch zur Omar-Moschee und zur Grabeskirche. Es war geplant, daß zuerst eine Christin von der Kanzel in der Omar-Moschee in Jerusalem reden sollte, gefolgt von einer Muslimin, die vor dem Grab Christi in der Grabeskirche reden würde.[8] Beide Frauen warnten vor der potentiellen Ersetzung der palästinensischen Bevölkerung durch die jüdische Immigration und gaben ihrem Ärger über die britische Politik Ausdruck, die solche Ungerechtigkeiten geschehen ließ.

Dieser Vorfall war außergewöhnlich, nicht nur, weil die Frauen diese heiligen Orte »entweihten«, sondern auch, weil sie die traditionellen Plätze der Männer für sich als Frauen beanspruchten. Trotz offenerer politischer Töne und Absichten der Frauenorganisationen und trotz ihrer steigenden Aktivität im öffentlichen Leben blieben die Frauen sehr vorsichtig, was das Ausmaß und die Art und Weise ihrer politischen Aktionen betraf. Sie wollten die männliche nationale Führung und insbesondere die Gesellschaft nicht verletzen, indem sie von der etablierten Norm hinsichtlich ihrer Rolle und ihres öffentlichen Auftretens abwichen.

Einige Ereignisse waren jedoch beispiellos, z.B. als die Frauen dem britischen Hochkommissar eine Petition übergaben, die die Annullierung der Balfour-Deklaration forderte. Zunächst versuchten sie, die Frau des Hochkommissars zu treffen, da es für Frauen inakzeptabel war, mit Männern zusammenzutreffen, mit denen sie nicht verwandt waren. Als ihr Gesuch, die Frau des Hochkommissars zu treffen, abgelehnt worden war, suchten sie, allen traditionellen Restriktionen zum Trotz, den Hochkommissar selbst auf.

Dennoch nahmen die Frauen einen eigenen, von Männern getrennten Platz im öffentlichen Leben ein, und zwar im Einklang mit den Ideologien der Geschlechter, die getrennte Aktivitäten von Männern und Frauen verlangten.

2. *1936–1939*

In dieser Phase der Geschichte brach eine palästinensische Revolte aus. Sie wurde von verschiedenen lokalen Bauern (Fedayyin) angeführt, die in ihrer Anfangszeit einen sechsmonatigen Streik erklärten, um gegen das britische Mandat und seine diskriminierenden Praktiken zu demonstrieren. Palästinensische Frauen aus den weniger gebildeten Schichten und ärmeren ländlichen Gebieten waren in dieser Revolte sehr engagiert und ließen die Frauenbewegung so eine – zeitweilig – breitere Basis gewinnen. Diese Frauen wurden in neue Arten des Widerstands einbezogen, was auch den bewaffneten Kampf auf dem Land einschloß, so daß damit der Grundstein für Frauen in diesem Bereich gelegt war.

Die Beteiligung an militärischen Aktionen war ein bemerkenswerter Schritt für die Frauenbewegung, da ihre Aktivitäten bis zu diesem Zeitpunkt vor allem aus ›Sozialarbeit mit politischen Anmerkungen‹ bestanden. Währenddessen erreichte die jüdische Einwanderung ihren Höchststand. 22 Prozent der Bauern verloren ihr Land aufgrund der britischen Politik, die darauf ausgerichtet war, die Bauern von ihrem Land zu entfremden und eine Teilung Palästinas zu befürworten. Alle diese Ereignisse führten zu der Revolte und trugen dazu bei, daß Frauen im bewaffneten Kampf immer aktiver wurden. Auch die hohe Arbeitslosigkeit unter den Palästinensern, die vor allem aus der aggressiven und diskriminierenden zionistischen Arbeitspolitik resultierte, weil den palästinensischen Arbeitern wesentlich weniger gezahlt wurde als den jüdischen bzw. die Politik betrieben wurde, nur Juden anzustellen, machte die Frauen zu starken Unterstützern des Aufstandes von 1936.[9]

Die nationale Führung stand der Revolte und ihren Operationen fast gleichgültig gegenüber. Das geht vor allem darauf zurück, daß die Revolte auch Elemente der Klassengegensätze beinhaltete. Die Bauern begannen, die Landagenten und die Elite anzugreifen, denn sie hielten sie aufgrund ihrer Verbindung zu den britischen Autoritäten für Kollaborateure. Deswegen unterstützten die nationalen Führer (die meisten von ihnen gehörten den höheren Schichten an) den Aufstand und seine soziale Komponente nur halbherzig. Einige von ihnen begannen sogar aktiv dagegen zu arbeiten und verhinderten Streiks oder den Gebrauch von Waffen. Manche gingen noch weiter und gaben Namen von Revolutionären an die britischen Autoritäten weiter, damit diese sie verhafteten.[10]

Seltsamerweise reagierten ihre Frauen unterschiedlich auf diese Revolte. Diese Palästinenserinnen warben für Streiks und Demonstrationen und riefen zur gleichen Zeit dazu auf, die zionistischen Produkte zu boykottieren. Das Exekutivkomitee der arabischen Frauen veröffentlichte verschiedene Communiqués, worin sie die Frauen drängten, zivilen Ungehorsam zu praktizieren. Dennoch gab es sogar in der Frauenbewegung eine Klassentrennung bezüglich ihrer Arbeit. Die Frauen der Elite aus den Städten trugen zu der Revolte bei, indem sie medizinische Versorgung für die Verwundeten organisierten und Erste-Hilfe-Kurse gaben. Sie sammelten ebenso Geld, um den Familien von getöteten Kämpfern oder Verhafteten finanziell zu helfen. Sie waren also vor allem am passiven Widerstand beteiligt und im Unterstützungsbereich tätig. Für die Bauersfrauen hingegen weit gefährlicher war die aktive Unterstützung des bewaffneten Kampfes. Sie halfen mit, Waffen und Munition zu den Revolutionären zu tragen, und einige nahmen sogar die Waffen auf und kämpften zusammen mit den Männern. Einige Frauen starben bei dem Aufstand, so wie Fatma Ghazzal, die am 26. Juni in einer Schlacht im Wadi 'Azzama getötet wurde. Sie ist die erste Frau, von der bekannt geworden ist, daß sie im Kampf starb.[11]

Daß Bäuerinnen in den bewaffneten Operationen mehr militärisch teilnahmen als die Elite-Frauen, kann damit erklärt werden, daß die Bauersfrauen mehr vom Landverlust bedroht waren und unter der Last des britischen Mandats und seinen Kollektivstrafen gegen die Gemeinschaft mehr litten als die Städterinnen. Die Zerstörung von Häusern, Landenteignung, das Verhaften einer großen Anzahl von Leuten und andere unterdrückerische Maßnahmen wurden von den britischen Autoritäten gegen die palästinensischen Dörfer angewendet. Es war der Versuch, die Leute von ihrem Land zu vertreiben. Deshalb verstanden und beurteilten die Frauen vom Land die britische Besatzung anders als die Stadtfrauen der höheren Klassen und engagierten sich aus diesem Grund mehr im Widerstand.

Der Aufstand wurde 1939 niedergeschlagen, und deshalb wurde der Widerstand in dieser Periode der palästinensischen Geschichte zeitweise ganz unterbunden. Der Aufstand scheint im großen und ganzen nur einen geringen Effekt auf den Status quo der Geschlechterfragen und die Frauenrechte gehabt zu haben. Trotz der kurzen militanten Aktionen der Frauen, die für eine kurze Zeit wegen der nationalen Krise als legitime Unternehmungen angesehen wurden, und obwohl Frauen und Männer ähnliche Interessen hinsichtlich der politischen Situation in Palästina hatten, blieben die Frauen organisatorisch getrennt. Zusätzlich dazu blieb die Sozialarbeit, die sie weiterführten, ihre wichtigste Aufgabe. Die Frauenbewegung blieb auch weiterhin von den Frauen aus den höheren Schichten dominiert und hatte die meisten Anhängerinnen in den Städten.

3. 1948–1978

Diese Phase der Geschichte der Frauen ist kaum erforscht, obwohl eine nicht unwesentliche Anzahl von Schriften über die Frauenbewegung nach dem arabisch-israelischen Krieg von 1967 und der nachfolgenden israelischen Besatzung der West Bank und des Gaza-Streifens erschien. Sie kann jedoch mit der Dominanz von Wohltätigkeitsarbeit und Hilfeleistungen her charakterisiert werden, die vor allem von den bestehenden religiösen und säkularen Frauenvereinigungen ausgeführt wurde. Dies geschah, um auf die Bedürfnisse der Palästinenser nach der Entstehung des Staates Israel im größten Teil Palästinas und der Vernichtung fast aller palästinensischen Organisationen einzugehen.

4. 1987. Die Zeit der Intifada

Diese Zeitspanne war für die Frauenbewegung sehr wichtig. Die Mehrzahl der Frauen wurde, ungeachtet ihrer gesellschaftlichen Klasse oder ihres Alters, gleichzeitig zu einem gemeinsamen Widerstand gegen die israelische Besatzung mobilisiert. Die Intifada war ebenfalls eine Zeit, in der palästinensische Frauen zeitweilig die patriarchale Autorität schwächten, da sie einige der Pflichten übernahmen, wie z.B. die direkte Konfrontation mit israelischen

Soldaten, oder den Platz einnahmen, der traditionell den Männern vorbehalten war (z.B. auf der Straße). Zusätzlich dazu nahmen Frauen aktiv am Aufbau und an der Entwicklung von demokratischen Strukturen teil, indem sie in den Volks- oder Nachbarschaftskomitees arbeiteten. Sie halfen damit einerseits, den Gemeinschaftsgeist innerhalb der palästinensischen Gesellschaft zu fördern, und andererseits, in der palästinensischen Gesellschaft ein Bewußtsein für die Fragen der Gleichberechtigung zwischen Mann und Frau zu wecken. Aufgrund ihrer großen Anstrengungen in den frühen Stadien der Intifada erwartete man von den Frauen, daß sie dauerhafte Veränderungen ihres sozialen und politischen Status erreichen würden. Doch diese Annahme verwirklichte sich nicht. Die Frauen versäumten es, die existierende Geschlechterordnung und die ungleiche Verteilung der Arbeit zwischen Mann und Frau zu verändern.

Dieses Versagen ist meiner Meinung nach vor allem darauf zurückzuführen, daß die Frauenbewegung die nationalen und sozialen Belange ausbalancieren wollte, indem sie der nationalen Fragen den Vorrang einräumte und den Kampf der Frauen vernachlässigte. Die Arbeit, die vor der Intifada darauf zielte, die Stellung der Frauen in der Gesellschaft zu verbessern, wurde für die drängendere Aufgabe im Stich gelassen, Frauen für die Intifada zu mobilisieren. Die Frauenkomitees liehen ihren Aufbau und ihre Strukturen den zahlreicher werdenden Volks- und Nachbarschaftskomitees, während die Aktivistinnen unter den Frauen, die hart am Aufbau und an der Ausweitung der Frauenbewegung gearbeitet hatten, ihre Sozialarbeit hintenanstellten und statt dessen ihre Erfahrung und ihr Fachwissen dazu benutzten, die neuen Komitees zu koordinieren. Aus diesen Gründen blieben die traditionellen Schwerpunkte der Komitees, wie die Erziehung und das

Ausbilden von Frauen, in diesem ersten Jahr der Intifada unberücksichtigt. Sogar die Krankenpflegeschulen und Kindergärten, die den hauptsächlichen Rahmen darstellten, aus dem Frauen für die verschiedenen Komitees rekrutiert wurden, wurden zeitweise geschlossen. Die Frauenkomitees wurden vollständig in die täglichen Aktivitäten der Intifada und in den Aufbau der Volks- und Nachbarschaftskomitees eingebunden. Dennoch waren die meisten ihrer Aktionen nicht direkt politisch und nur ihre Teilnahme an Demonstrationen und Märschen kann als eine Aktion betrachtet werden, die am wenigsten an die traditionelle Rolle der Frauen gebunden war. Andere Aktivitäten der Komitees schlossen das Organisieren von Hilfeleistungen nach Razzien der Armee ein, indem Verteidigungs- und Hilfsteams gebildet wurden, die versuchten, ihre Nachbarschaft zu verteidigen, indem sie Verhaftungen und gewalttätige Übergriffe der Siedler abwehrten.

Die Komitees sorgten ebenfalls für medizinische Notfallbehandlung der Verletzten, verteilten Nahrungsmittel in den Gebieten, die unter Ausgangssperre standen, besuchten die Verwundeten in den Krankenhäusern und die Familien der Gefangenen und Märtyrer und gründeten Erziehungskomitees, die für die Organisation von Kursen zuständig waren. Diese Kurse dienten dazu, die Auswirkungen der Schul- und Universitätsschließungen, die von den israelischen Behörden verhängt wurden, zu mildern. Zusätzlich engagierten sich die Frauen in ihren Kooperativen in der Herstellung eigener Produkte, um einen eigenen Wirtschaftszweig zu unterstützen, der Lebensmittel und Kleider produzierte. Der Unterschied dieser Kooperativen lag jetzt darin, daß sie auf Nachbarschaftsbasis organisiert waren und nicht nach bestimmten Komitees. Die Unterstützung wirtschaftsfördernder Initiativen kam als Antwort auf den Aufruf der »Vereinigten nationalen Führung«, der großen Wert auf die Entwicklung einer soliden Infrastruktur und die Trennung der palästinensischen von der israelischen Ökonomie legte.

Wenn man die Rolle der Frau während der Intifada genau betrachtet, dann überrascht, wie wenig sich ihre Mitwirkung mit den existierenden Geschlechterrollen rieb und daß die Geschlechtertrennung in ihrer Arbeit unangetastet blieb. Trotz eines begrenzten Rückgangs der patriarchalen Autorität in der Gesellschaft während der ersten Phasen der Intifada und deren politische Entwicklung, die die aktive Beteiligung der Frauen auch auf den Straßen notwendig machte, wurden keine neuen Rollen entwickelt, die diese kurze Phase der Schwächung der patriarchalen Autorität in einen dauerhaften Zustand verwandelte. Statt dessen wurde die häusliche und traditionelle Rolle der Frau auf die gesamte Gesellschaft ausgedehnt, begleitet von politischen Erklärungen.[12] So wurde die Entstehung von Verteidigungs- und Hilfsgruppen, um die Gesellschaft vor der israelischen Militärbesatzung zu schützen, von der traditionellen Rolle der Frau als Schützerin der eigenen Kinder und Familie abgeleitet. Die Verteilung von Nahrungsmitteln in unter Ausgangssperre gestellten Regionen war eine andere Aktivität, rührte aus der Hauptverantwortung der Frauen für die Versorgung und die Aufrechterhaltung ihrer Familien. Obwohl die »Vereinigte nationale Führung« nicht direkt Frauen aufgerufen hatte, eine eigene nationale Wirtschaft zu entwickeln und zu unterstützen, trugen sie in landwirtschaftlichen Kooperativen die Hauptlast dieser Aufgabe. Diese Beteiligung basierte auf der herkömmlichen Frauenbeteiligung an der Herstellung von Lebensmitteln in einer landwirtschaftlich geprägten Gesellschaft.

Aus all diesen Informationen kann man schließen, daß die Frauenrolle in der Intifada keine radikale Veränderung erfahren hat und somit im Bereich des Lehrens, des Helfens und Beistehens verharrte. Es gab keinen echten Versuch von Frauen, diese Grenzen zu überschreiten, was ihre Möglichkeiten zur Entwicklung von neuen Rollen und Vorbildern für sich selbst verfallen ließ. Es war klar zu sehen, daß sie nicht effektiv am Entscheidungsprozeß und der Planung von Strategien teilgenommen haben, sondern nur die Pläne, die von anderen ausgearbeitet wurden, ausführten.[13]

5. Die Zeit nach der Intifada

Die Spaltung innerhalb der Frauenbewegung war ein anderer Grund dafür, warum die Frauenbewegung darin versagte, ihre Errungenschaften zu festigen. Dies geschah trotz der vielfältigen Anstrengungen der Frauen, die verschiedenen Komitees zu versöhnen und in einer Bewegung zu vereinen. Diesen Versuch gab es bei einem gemeinsamen Treffen im Al-Hakawati-Theater in Ost-Jerusalem am 4. März 1987, um den internationalen Tag der Frau zu feiern.[14] Das Higher Women's Council (HWC) wurde gegründet, das später in Unified Women's Council umbenannt wurde und das die vier Komitees in einem Forum vereinigte.

Über diese Vereinigung koordinierten die Komitees verschiedene Aktivitäten, die auch das Organisieren von Sit-ins, die normalerweise beim Roten Kreuz stattfanden, und Massendemonstrationen einschlossen. Außerdem gaben sie am 8. März zum Internationalen Tag der Frau ihre erste gemeinsame Erklärung heraus.

Dennoch ergaben sich große Differenzen innerhalb dieses Councils, so daß die Erarbeitung einer gemeinsamen Agenda nicht möglich war. Auch die Kooperation zwischen den einzelnen Komitees fand eher auf nachbarschaftlicher, als auf nationaler Ebene statt. Es gab nur geringe Veränderungen, denn die Vorsitzenden, die Zugang zu leitenden Funktionen hatten, von denen aus soziale Veränderungen möglich gewesen wären, waren nicht gewillt, mit den anderen zusammenzuarbeiten, um die Sache der Frauen voranzutreiben. Es ist ebenso bezeichnend, daß die ideologischen Differenzen (besonders die marxistisch-leninistischen), die die Frauen betonten, sich auf die Führung der Frauenkomitees beschränkten. An der Basis wurden diese Meinungen mit ihren Bedeutungsunterschieden ohne tiefergehende Analyse nur wiederholt.

6. Ausblick

Die Aktivitäten der Frauen wurden ein Jahr nach der Intifada nicht mehr benötigt, nachdem es der israelischen Besatzungsmacht gelungen war, die Nachbarschaftskomitees, die den hauptsächlichen politischen Rahmen für die politische Betätigung stellten, zu zerstören. Sie wurden weiter an den Rand gedrängt, als die Friedensverhandlungen in Madrid begannen. Nun gab es keinen Bedarf mehr für die Dienstleistungen im häuslichen Bereich, weil sich der Kampf auf die diplomatischen Aktivitäten verlagerte.[15] Seitdem begann in der Frauenbewegung eine Phase der Selbstkritik, um zu verstehen, wo Versäumnisse lagen, und um nach einer neuen Strategie für die Zukunft zu suchen.

Doch anstatt ihr Hauptaugenmerk auf die Entwicklung einer gemeinsamen Agenda zu richten, wandte sie Konzepte an, die zwar Frauen nützen, die aber ihre Situation nicht so verbesserten und ihre sozialen Bemühungen so legitimierten, wie es eine gemeinsame Agenda gekonnt hätte. Großer Wert wurde etwa auf »gender training«

gelegt. Dieses Konzept betrifft vor allem die Aktivistinnen, die diesen Komitees vorstehen. Sie bemühen sich, ihre eigenen Fähigkeiten bezüglich der »Geschlechterfragen« zu verbessern.[16] Sie hoffen, daß sie die Männer mit Hilfe dieser Fähigkeiten beeinflussen können. Denn sie erkennen, daß es wichtig ist, auch Männer in die Trainings einzubeziehen, um die Emanzipation der Frauen und die Legitimation dazu schneller vorantreiben zu können. Internationale Organisationen unterstützen das Konzept und erklären sich bereit, Projekte und Workshops, die sich damit auseinandersetzen, zu finanzieren. Dies macht sie für die Aktivistinnen noch attraktiver.

Trotz der kürzlich erneut erfolgten Versuche, miteinander zu kooperieren, bleibt das Hauptproblem die Uneinigkeit der Frauenbewegung. Die Spaltung schwächt die Anstrengungen der Frauen, eine gemeinsame Frauenagenda zu entwickeln und bedroht die Fortsetzung ihrer Arbeit. In der Sozialarbeit wie in der Politik gibt es zunehmend Schwierigkeiten mit religiösen fundamentalistischen Gruppierungen. Deshalb müssen die Frauen nun eine Strategie entwickeln, die den Aufbau autonomer Frauenorganisationen anstrebt, die Auseinandersetzung mit »Geschlechterfragen« als erstes und wichtigstes Ziel setzen und daran arbeiten, zu gemeinsamen Standpunkten zu kommen. Wenn dieses Ziel erreicht ist, werden die Frauen eine starke Macht darstellen, die entschlossen ist, die Lebenssituation von Frauen zu verbessern.

Anmerkungen

[1] Peteet, Julie M.: Gender in Crisis. Women and the Palestinian Resistance Movement, New York 1991, S. 38.
[2] Peteet, S. 40.

[3] Pedersen, Brigitte Rahbek: Oppressive and Liberating Elements in the Situation of Palestinian Women, in: Utas, Bo (Hg.): Women in Islamic Societies. Social Attitudes and Historical Perspectives, London/Malmö 1983, 172–191; hier S. 186.

[4] Peteet, 44.

[5] Kuttab, Eileen S.: Palestinan Women in the Intifada. Fighting on Two Fronts, in: Arab Studies Quarterly, Bd. 15, Nr. 2, 1993, S. 69–85, hier S. 70.

[6] Pedersen, S. 187.

[7] Peteet, S. 48.

[8] Pedersen, S. 187.

[9] Peteet, S. 53.

[10] Peteet, S. 52.

[11] Pedersen, S.187.

[12] Giacaman, Rita und Penny Johnson. »Palestinian Women: Building Barricades and Breaking Barriers«, 1989, S. 161

[13] Kuttab, S. 80.

[14] Hiltermann, S. 137–38.

[15] Trotz der Teilnahme von Hanan Ashrawi an den Friedensverhandlungen hatte die Mehrheit der Frauen keine Möglichkeit, in dieser wichtigen Phase der palästinensischen Geschichte eine aktive Rolle zu übernehmen.

[16] Rita Giacaman / Penny Johnson, »Searching for Strategies. The Palestinian Women's Movement in the New Era«, S. 25.

Ulrike Bechmann

»In den Schuhen von anderen Frauen gehen«

Zur Auseinandersetzung um den Weltgebetstag der Frauen aus Palästina 1994

Am ersten Freitag im März 1993 regnete es in Jerusalem, als ich mich auf den Weg zur St. George's Cathedral der anglikanischen Kirche in Jerusalem machte. Viele Geschäfte waren geschlossen, es wurde gestreikt. Die Spannung war mit Händen zu greifen, eine Spannung, die Ende März 1993 zur totalen Abriegelung der Westbank und des Gazastreifens führte und den meisten PalästinenserInnen den Zugang zu Jerusalem versperrte. An diesem Freitag aber feierten palästinensische Christinnen in ökumenischer Gemeinsamkeit der unterschiedlichsten Kirchen den Weltgebetstag der Frauen. Einladende waren die Frauen des palästinensischen Weltgebetstagskomitees.

Der Gottesdienst war von Frauen aus Guatemala verfaßt und stellte ihre Situation in den Mittelpunkt. Im Gottesdienst waren nicht nur palästinensische Christinnen unterschiedlicher Konfessionen versammelt, sondern auch Frauen, die Kirchen aus anderen Ländern angehörten: Deutsche, Engländerinnen, Spanierinnen, Schwedinnen und Französinnen – an diese Frauen erinnere ich mich. Alle erhielten eine Postkarte mit einem Motiv, gemalt von guatemaltekischen Frauen. In dem Gottesdienst wurden viele Sprachen gesprochen: Arabisch und Englisch waren die beiden Hauptsprachen des Gottesdienstes, eine Spanierin las den Bibeltext in ihrer Muttersprache – und stellte damit eine sprachlich-gedankliche Verbindung zu den guatemaltekischen Frauen her, die an dem gleichen Tag ihre Liturgie in Guatemala in spanisch feierten. Ein Teil der Texte wurde neben arabisch in deutsch, einer in französisch gelesen. Ich war eingeladen, eine Meditation zu dem Bild der guatemaltekischen Malerinnen zu sprechen. Einer der anwesenden armenischen Priester trug einen liturgischen Gesang in armenisch vor. Selten war die weltweite und lokale Ökumene des Weltgebetstags der Frauen so hör- und sichtbar wie in diesem Gottesdienst. Anschließend gab es noch Tee, Kaffee und Gebäck im Innenhof der Kathedrale mit Möglichkeiten zum Gespräch. Die Palästinenserinnen waren froh, daß trotz des schlechten Wetters und der politischen Spannungen so viele gekommen waren. Sie freuten sich darauf, daß im nächsten Jahr ihr Gottesdienst weltweit gefeiert werden sollte, ihre Lage im Mittelpunkt unzähliger Vorbereitungsveranstaltungen und Gottesdienste stehen würde.

Seit über 20 Jahren feiern in jedem Jahr christliche Palästinenserinnen den Weltgebetstag der Frauen (WGT), nicht nur in Jerusalem, sondern auch in Nazareth, Ramallah und Bethlehem. Ihnen geht es in dem ökumenisch nicht immer einfachen Spannungsfeld von Jerusalem dabei immer um zwei Aspekte. Einmal geht es um die Feier der weltweiten Gemeinschaft von Frauen, in der Christinnen auf der ganzen Welt ökumenisch nach dem gleichen Text von Frauen eines Landes Gottesdienst feiern. Dann aber geht es auch um die Feier der ökumenischen Gemeinschaft von Frauen vor Ort, die jenseits der Ökumene-Streitigkeiten der offiziellen Kirchen immer wieder neu zusammenkommt und Gottesdienst hält.

Auch wenn dieses ökumenische Miteinander sicher nicht immer einfach ist, so überwog bisher dennoch immer der Wille, sich in die Weltgemeinschaft der Frauen von ca. 170 Ländern einzureihen und dazuzugehören. Kennt man die

Probleme, die die Ökumene in Jerusalem mit sich bringt, so kann man den Einsatz der Frauen, Jahr für Jahr zu einem gemeinsamen Gottesdienst zusammenzukommen und diesen ökumenisch zu feiern, nicht hoch genug einschätzen.

Diese lange Tradition, die besonders in Jerusalem, aber auch an einigen anderen Orten in Palästina stark war, schuf die Voraussetzung dafür, daß Palästinenserinnen 1990 vom Internationalen Weltgebetstagskomitee den Auftrag erhielten, eine Liturgie zu dem Thema »Gehen – Sehen – Handeln« zu schreiben, die am Weltgebetstag 1994 für Frauen auf der ganzen Welt als Grundlage ihres Gottesdienstes dienen sollte.

Aida Haddad, die Vorsitzende des palästinensischen Weltgebetstagskomitees, beschreibt in einem Interview[1], was für das palästinensische Weltgebetstagskomitee das Entscheidende bei der Formulierung des Gottesdienstes war: »Das Thema ist wichtig und hat viel mit unserer Situation in den Besetzten Gebieten zu tun. Es hat auch enge Beziehungen zu den Bibeltexten, die wir auswählten: Den Texten aus der Passion und der Auferstehung Jesu. Es soll die Frauen ermutigen, unsere Situation kennenzulernen, das Land kennenzulernen und den Schritten Jesu zu folgen in seiner Passion und Auferstehung. Dann können die Frauen selbst die Beziehungen herstellen, die Beziehungen zwischen den Bibeltexten, der Situation und dem, was Menschen heute durchmachen. Sie können die politische, wirtschaftliche und soziale Lage wahrnehmen und all das, worunter die Menschen leiden. Das alles kann dann aber auch auf die ganze Welt bezogen werden, denn Menschen leiden nicht nur in diesem Teil der Welt, sondern auch in Südafrika, Südamerika, im Fernen Osten und anderswo.«

Zum besseren Verständnis, was der Weltgebetstag der Frauen ist, seien hier kurz seine Grunddaten skizziert.

Das Datum: Am ersten Freitag im März wird weltweit der WGT gefeiert. In ca. 170 Ländern treffen sich Frauen an diesem Tag und feiern ökumenisch den Gottesdienst.

Der Gottesdienst: Grundlage der gemeinsamen Feier ist eine Liturgie, eine Gottesdienstvorlage, die von Frauen eines bestimmten Landes für diesen Tag geschrieben wird. Frauen eines Landes werden für ein bestimmtes Jahr mit einem Thema beauftragt; die Entscheidung darüber fällt das Internationale Weltgebetstagskomitee bei seinen Konferenzen, die alle vier bis fünf Jahre stattfinden. Von den nationalen Komitees können für diese Entscheidungen Vorschläge eingereicht werden.

Das Motto: »Informiert beten – betend handeln« heißt das Motto der über 100jährigen Bewegung. Es drückt aus, daß es nicht darum geht, ein fremdes Gebet nur »nachzubeten«, sondern daß dieser Gottesdienst eine lange Vorbereitung braucht. Die Frauen haben ein Anliegen, das will verstanden sein. Dazu muß man sich vergegenwärtigen, aus welcher Kultur die Frauen kommen, welche Geschichte ihr Land hat, welche Religionen das Umfeld und die Tradition dieser Christinnen bestimmen, wie die aktuelle politische Lage aussieht. Kurz, es geht darum, sich die Lebensverhältnisse der Frauen bewußt zu machen. Viele Vorbereitungstagungen und Materialen, die in Deutschland vom Weltgebetstagskomitee bereitgestellt werden, machen diese Auseinandersetzung möglich.

Die intensive Beschäftigung mit dem jeweiligen Land ist

ein Teil des Handelns. Viele Frauen arbeiten nach den Weltgebetstagen inhaltlich noch weiter, in Solidaritätsarbeit zu einem Land, in Bewußtseinsarbeit hier oder in konkreten Aktionen, um Frauen anderer Länder in bestimmten Anliegen zu unterstützen. Die Kollekte am Weltgebetstag in Deutschland wird für Frauenprojekte besonders in Asien, Afrika und Lateinamerika verwendet. In den letzten Jahren konnten in jedem Jahr mehr als 150 Projekte gefördert werden.

Das Besondere: Das Besondere am Weltgebetstag ist, daß da nicht ein beliebiger Frauengottesdienst gefeiert wird, sondern diesem Gottesdienst der Text von Frauen eines anderen Landes zugrunde liegt. Nirgendwo sonst bekommen Frauen der Basis die Gelegenheit, aus ihrer Sicht ihre Lage zu schildern und weltweit gehört zu werden. Deren Anliegen und deren Bitten werden als Grundlage des Gottesdienstes übernommen. Man läßt sich auf die Texte ein, auch wenn sie fremd sind. Frauen versuchen sozusagen, ein Stück in den Schuhen von anderen Frauen zu gehen, ihre Haltungen, ihre Anliegen, ihre Wünsche und Bitten zu verstehen und sie mitzutragen.

Diese Fremdheit, die in anderen Kontexten oft zu Vorurteilen und Stereotypen führt, kann überwunden werden, wenn man sich ernsthaft darauf einläßt. Fremdheit ist hier nicht etwas Negatives, sondern wird zur positiven Herausforderung, der man sich stellen will. Fremde Frauen kommen uns nah, bekommen ein Gesicht und eine Geschichte.

Die Leistung der palästinensischen Weltgebetstagsfrauen

Diese christlichen Frauen haben mit ihrem Mut, eine so wichtige Aufgabe anzugehen, viel für Palästina geleistet.

Sie haben in einem langen Prozeß, der auch für sie, wie für jede andere Schreiberinnengruppe nicht einfach war, ökumenisch eine Liturgie erstellt, die weltweit verbreitet wurde. Die große Leistung war, daß sie es in der Litugie geschafft haben, ihre Situation mit ihrem Glauben in Beziehung zu setzen, ihre Identität als christliche Palästinenserinnen so umzusetzen, daß in den Gottesdiensten das Leben, das sie führen, ihr Leiden, aber auch ihre Hoffnung von den Frauen in aller Welt erspürt und verstanden werden konnte.

Die Erstellung des Gottesdiensttextes geschah während der schwierigen Zeit der Intifada und des Golfkriegs. Und obwohl damals noch nicht die Ansätze zu einem friedlichen Ende des Israel-Palästina-Konflikts zu sehen waren, stellten die Frauen klar, daß ihr Bestreben auf ein friedliches Ende des Konflikts hinlief, das für die PalästinenserInnen eine gerechte Lösung beinhalten sollte. Im Gespräch mit ihnen wurde klar, daß sie darunter das Eintreten für einen Staat Palästina in der Westbank, in Gaza und in Ostjerusalem in den Grenzen vor 1967 verstanden. »Wenn wir Christen und Christinnen wirklich an die Auferstehung glauben, glauben wir, daß die Leidenden einmal von der Besatzung befreit werden, daß sie ihre Unabhängigkeit erleben werden, in Frieden Seite an Seite mit ihren Nachbarn leben können. Dann glauben wir, daß es Versöhnung gibt und daß all die Gewaltakte und all das Leiden, das von beiden Seiten dem jeweils anderen zugefügt wurde, vergessen wird. Wir haben die Hoffnung, daß dieser Tag kommen wird.«[2]

Mit diesem Zeugnis der christlichen Palästinenserinnen leisteten sie einen großen Dienst zum Verständnis der palästinensischen Situation weltweit. Mit ihrer Botschaft und ihrer Liturgie wurde ein Prozeß in Gang gesetzt, sich weltweit im Sinne des WGT-Mottos mit der Situation der Palästinenserinnen zu beschäftigen. Ich kann hier nur die Folgen beschreiben, die dieser Prozeß der WGT-Vorbereitung in Deutschland hatte.

Zur Wirkung des Weltgebetstags aus Palästina in Deutschland

Die Beschäftigung mit dem Gottesdienst aus Palästina bewirkte, daß hier durch die Art, wie dieser Tag vorbereitet und gestaltet wird, die mangelhafte Informationslage über die Geschichte, Kultur und die Situation der PalästinenserInnen heute aufgebrochen wurde. Nicht viele Frauen wußten überhaupt, daß es christliche PalästinenserInnen gibt. Viele kannten nicht die Geschichte in ihren Details, kannten nicht die Situation in den Besetzten Gebieten, wußten nichts über die palästinensische Kultur. Und so machten sich die allermeisten Frauen auf, diese unbekannte Seite des Heiligen Landes für sich zu entdecken. Weit über eine Million Frauen nehmen am Weltgebetstag in Deutschland teil. Die lange Tradition im Umgang mit fremden Texten und der Offenheit, Neues zu lernen, ermöglichte es, daß die Frauen trotz aller Kritik nicht zurückschreckten, die Informationen suchten und sich intensiv mit dem Thema auseinandersetzten. Letztlich entstand die Idee zu dem hier vorliegenden Buch bei einer Nachbereitung zum Weltgebetstag: Die Lücke, daß es kein Buch über die ChristInnen in Palästina gibt, war während des Konflikts um den Weltgebetstag allzu deutlich geworden.

Das Entscheidende am Weltgebetstag aus Palästina war, daß palästinensische Frauen eine Stimme bekamen, sie, die in Deutschland normalerweise keine Stimme haben. Mit »Palästinensern« ist hierzulande das Stereotyp vom Terroristen verbunden. Die Geschichte der PalästinenserInnen

aber ist weitgehend nicht bekannt, auch nicht die Lebens-
umstände, unter denen PalästinenserInnen leben. Sich
eigenen Vorurteilen zu stellen und diese als solche zu
erkennen, kann auch etwas kosten. Selten konnte man so
deutlich wie bei dem Weltgebetstag der Palästinenserinnen
1994 sehen, wie ein ganzes Volk über Jahrzehnte hinweg
mit Stereotypen behaftet war und wie schwierig es war, das
zu erkennen und sich neu damit auseinanderzusetzen. An
den Reaktionen von Frauen in den Vorbereitungstagungen
wurde deutlich, wie weit verbreitet diese Einstellung ist.

Auf Bundesebene werden in jedem Jahr vier Vorbereitungstagungen mit Multiplikatorinnen durchgeführt, die
dann wiederum selbst auf unterschiedlichen Ebenen
Tagungen zum Weltgebetstag abhalten. Diese Tagungen
heißen Ökumenische Werkstätten, weil hier informiert
wird, aber auch Ideen zur Umsetzung des Gehörten entwickelt werden. Der erste Abend in den vier Ökumenischen Werkstätten dient jeweils der Hinführung zum
Thema und zum Land. Die Tagung begann mit einer
Gruppenarbeit, in der die Frauen ohne jede Vorinforma-
tion ihre Assoziationen zum Wort »Palästinenser« und »Palästina« auf Zettel schreiben sollten. Über die Assoziationen wurde in der Gruppe geredet, im Plenum wurden die
Zettel gesammelt und auf eine Wand aufgeklebt. Diese
Wand symbolisierte die Mauer, die zwischen dem gegen-
seitigen Verstehen steht. Die Information am nächsten
Vormittag orientierte sich auch an den Stichworten, die
Zettel wurden, wenn sie bearbeitet waren, als Brücke der
Verständigung am Boden ausgelegt.

In diesen Stichworten zeigte sich bei allen Tagungen,
daß die Vorurteile über PalästinenserInnen und die Un-
kenntnis ihrer Situation und Geschichte stark vorhanden
waren. Diese Vorurteile teilen viele Menschen. Die Frauen
waren erschrocken, daß ihnen nur negative Begriffe einge-

fallen waren, ohne genauere Kenntnisse zu haben. Das Besondere am Weltgebetstag war eben nicht, daß etwa die Frauen grundsätzlich positiv eingestellt waren und deshalb die Gottesdienstordnung der Palästinenserinnen im Gegensatz zu den KritikerInnen akzeptierten. Das Besondere war, daß die Frauen gewillt waren, über das Vorwissen und die Vorurteile durch vertiefte und genaue Information hinwegzukommen. Sie waren, anders als viele andere, bereit, zuzuhören und hinzusehen und die Palästinenserinnen ernstzunehmen.

Frauen in Deutschland lernten von den palästinensischen Frauen, die Situation aus einem anderen Blickwinkel als dem eigenen zu sehen. Palästinensische Frauen kamen ihnen plötzlich nahe. Bisher nicht wahrgenommene Frauen wurden ins Zentrum des Interesses gerückt, ihre Sicht der Dinge, ihre Lage, ihre Schmerzen und Hoffnungen gewannen Gestalt.

Dies blieb nicht ohne Widerspruch. Schon bevor die Liturgie der palästinensischen Frauen veröffentlicht war, hagelte es Proteste von verschiedenen Seiten. Die Diskussion war auch nicht beendet, als dann der Text erschien. Es würde zu weit führen, die Argumente hier im Detail wiederzugeben[3], dennoch möchte ich den Konflikt in Grundzügen schildern.

Der Konflikt um die Liturgie der Palästinenserinnen[4]

Die Auseinandersetzungen um die Liturgie der Christinnen aus Palästina drehte sich um die Frage, ob deutsche Frauen mit den Worten der Palästinenserinnen beten können. Der Gottesdienst hat einen sehr liturgischen Aufbau. Eingerahmt vom Eingangs- und Schlußteil stehen im Zentrum Elemente aus der Passions- und Ostererzählung. Ein biblischer Abschnitt des Kreuzwegs, der Grablegung Jesu und der Auferstehung leiten jeweils einen Teil ein. Die liturgische Entsprechung ist die Feier des Karfreitags, des Karsamstags und des Ostersonntags. Auch die Gestaltung der Auferstehungshoffnung mit den Kerzen entspricht der Feier der Osternacht mit dem Licht der Osterkerze und der Weitergabe des Osterlichts an die Gläubigen. Gleichzeitig sind die jeweiligen Teile der Liturgie mit der Situation der Palästinenserinnen in der Gegenwart, dem Leben unter Besatzung und Militärherrschaft verbunden. So prägen Klage, aber auch Hoffnung die Liturgie, ja die Hoffnung wird erst aus der Klage möglich.

Ein Stein des Anstoßes war die Verwendung der Passionsgeschichte. Die Frauen aus Palästina haben Texte des Lukas- und Markusevangeliums gewählt, in denen die Nachfolgerinnen Jesu deutlich als Jüdinnen gekennzeichnet sind, also nicht die Texte, die als antijudaistisch angesehen werden. Josef von Arimathäa war Vorbild für ihr Handeln. Trotzdem befürchteten manche, dies könnte zu einer antijudaistischen Rezeption des Textes führen. Nun ist der Vergleichspunkt in der Passionsgeschichte das Leiden. Wie viele andere auch sahen die palästinensischen Frauen im Kreuzweg Jesu ein Bild für ihr Leiden (vgl. die Hungertücher zur Misereor-Fastenaktion). Dies in Frage zu stellen, liefe darauf hinaus, Palästinenserinnen das Sich-Selbst-Finden in der Passionsgeschichte, was Christinnen überall auf der Welt tun und auch immer getan haben, zu verbieten.

Unter dem Schlagwort, der Gottesdienst sei ein »Beten gegen Israel«, wurde die Kritik bekannt. »Dies ist nicht antiisraelisch, dies ist Anti-Besatzungspolitik«, formulierte Felicia Langer, die israelische Rechtsanwältin, die für ihr Engagement für PalästinenserInnen bekannt wurde.[5] Die Palästinenserinnen beteten um Frieden und Sicherheit für *alle* Völker in der Region, die Liturgie war geprägt vom Versöhnungswillen und der Bereitschaft zum Frieden. Deshalb hielten die deutschen Weltgebetstagskomitees am Text fest. Die Idee des Weltgebetstags, die die Begegnung mit fremden Frauen in den Mittelpunkt stellt, wäre ad absurdum geführt, wollte man die Gebete anderer Frauen zensieren. Es war für die für den Weltgebetstag verantwortlichen Frauen keine Frage, daß man mit dem Thema sorgfältig umgehen mußte. In den vielfältigen Materialen wurden die Gruppen aufgerufen, die Hintergründe des Konflikts und die Verwicklung der eigenen Geschichte mit dem Konflikt einzubeziehen. Diese Verantwortung tragen Frauen in jedem Jahr und trugen sie auch bei der Übernahme des palästinensischen Gottesdienstes.[6]

Die Christinnen aus Palästina, deren Text so plötzlich in die Schlagzeilen geraten ist und sie mit ihm, haben einen Nerv in Deutschland getroffen. Und das war gut so, denn dadurch kamen viele Probleme deutlich zur Sprache, die bisher mehr oder weniger verdeckt blieben. Einer dieser Problemkreise betrifft das Verhältnis zwischen ChristInnen in Deutschland und Palästina, aber auch das Verhältnis der offiziellen Kirchen zueinander.

Wie gehen Kirchen in Deutschland mit den Anliegen christlicher PalästinenserInnen um? Gibt es eine Möglichkeit, auch sie mit ihrer Geschichte, dem Unrecht, das sie erlitten und mit der schwierigen Situation, in der sie sich trotz des Friedensprozesses immer noch befinden, wahrzunehmen? Gelingt es überhaupt, jenseits der Stereotypen echte, gleichrangige Beziehungen zwischen ChristInnen hier und dort aufzunehmen? Ja, gibt es überhaupt eine Bereitschaft, die Erfahrungen dieser ChristInnen ernstzunehmen und von ihnen her einen Lernprozeß anzufangen? Darüber muß geredet werden, diese Diskussion hat erst begonnen. Die Weltgebetstagsfrauen haben diesem Diskussionsprozeß eine breite Basis verschafft. Es würde hier zu weit führen, all die anderen Themen zu nennen, bei denen sich ein Diskussionsbedarf gezeigt hat.[7]

Ausblick

Spannend am Prozeß des Weltgebetstags ist jeweils, daß daran Basisfrauen weltweit partizipieren, als Autorinnen der Gottesdienste wie als Feiernde. Gerade im weltweiten Kontext, wo Frauen oft kaum Zugang zu Informationen und theoretischer Reflexion haben, fördert diese Form des integrierten Lernens, Handelns und Betens das Bewußtwerden, wie Frauen in anderen Ländern leben und die weltweite ökumenische Solidarität mit ihnen. Diese Solidarität spürten auch die Frauen, die auch 1994, kurz nach dem Massaker in Hebron, den Weltgebetstag feierten, wieder in der St. George's Cathedral. Die Kirche war, trotz der Abriegelungen der Besetzten Gebiete, brechend voll. Aus aller Welt waren bei ihnen Grußworte und Solidaritätsbekundungen eingegangen. Viele Grußbotschaften und die Versicherung des Gebets und der gegenseitigen Unterstützung stärkten am 4. März 1994 die Frauen und machte die weltweite Gemeinschaft neu erfahrbar. Dies war um so wichtiger, als die neuerliche Abriegelung und die Schikanen nach dem Massaker an Palästinensern in Hebron sehr einschneidend waren. Nur ein Bruchteil der Grußbotschaften konnte im Gottesdienst selbst genannt werden. Mit einem Gedenken der Opfer des Anschlags in Hebron begann der Gottesdienst der palästinensischen Frauen, der in diesem Jahr die Situation der palästinensischen Christinnen in den Mittelpunkt stellte: in Jerusalem und gleichzeitig überall auf der Welt, wo Frauen Weltgebetstag feierten.

Anmerkungen

[1] Das Interview wurde 1993 mit Aida Haddad geführt und erschien in »Ideen und Informationen«, dem Materialheft zum WGT 1994.

[2] A.a.O., S. 201–202.

[3] Die ganze Auseinandersetzung um den Weltgebetstag aus Palästina kann man inzwischen nachlesen in: Deutsches Weltgebetstagskomitee (Hrsg.), Dokumentation zum Weltgebetstag 1994 aus Palästina. Verfasserin: Stephanie Klein, Düsseldorf 1995. Sie ist im Buchhandel erhältlich oder kann bezogen werden über den Bayerischen Mütterdienst, Schriftenversand, Postfach 12 40, 90544 Stein.

[4] Material zum Weltgebetstag 1994 kann noch bestellt werden bei: Bayerischer Mütterdienst (Adresse Anm. 3).

[5] Sie hat ihre Erfahrungen in den beiden Büchern »Zeit der Steine« und »Zorn und Hoffnung« veröffentlicht.

[6] Zur speziellen Auseinandersetzung um die Liturgie vgl. H. Lehming, Junge Kirche 10/93 und U. Bechmann, Junge Kirche 12/93, beides nachgedruckt in der Dokumentation (vgl. Anm. 3).

[7] Zu den weiteren Problemkreisen vgl. letztes Kapitel der Dokumentation (Anm. 3).

Rana Khoury / Viola Raheb

»Für ›Leib, Seele und Geist‹ sorgen«

Das Frauenzentrum in Bethlehem

»Für ›Leib, Seele und Geist‹ sorgen« – so umreißt das Frauenzentrum in Bethlehem sein Programm, das am Internationalen Begegnungszentrum der Ev.-Luth. Weihnachtskirche angesiedelt ist. Das Zentrum möchte eine Lücke in den bisherigen Frauenaktivitäten in Palästina schließen. Die bestehenden Frauenorganisationen arbeiten entweder im Wohltätigkeitsbereich, wo vor allem ältere Frauen engagiert sind. Politische Frauenorganisationen sind wiederum sehr eng an die politischen Parteien gebunden. Doch für junge christlich-palästinensische Frauen, die ökumenisch und interreligiös offen und politisch interessiert sind, fehlen Angebote. Für diese Zielgruppe wurde das Frauenzentrum in Bethlehem eröffnet.

Nicht zu unterschätzen ist der Vorteil, Räume für Frauentreffen anbieten zu können. Kommunikative Treffpunkte für Frauen außerhalb des häuslichen Bereichs fehlen in Bethlehem.

Die christlichen Gemeinden in Palästina sind durch die zunehmende Auswanderung, besonders von jungen Leuten, in ihrer Existenz bedroht. Die Perspektivlosigkeit läßt oft keine Alternative. Deshalb soll gerade für junge Frauen, die im Land bleiben möchten oder nach einem Studium im Ausland wieder zurückkehren, ein Angebot geschaffen werden. Frauen, die in anderen Ländern studierten, stehen oft im Konflikt zwischen den erworbenen kulturellen Einflüssen des Auslands und den traditionellen Werten ihrer Heimat. Das Zentrum bietet ein Forum für einen gemeinsamen Erfahrungsaustausch, der die Suche nach eigenen Wegen zwischen Eigenständigkeit und Anpassung unterstützt und Rückenstärkung bietet. Seminare zu diesen Themen ergänzen das Angebot.

Das bisherige Angebot für Frauen wurde in drei Bereichen entwickelt:

a) Bildung

b) Freizeitgestaltung

c) Arbeit/Produktion

a) Bildung

Eine Frauenbibliothek befindet sich im Aufbau, die die Bildungs- und Öffentlichkeitsarbeit des Zentrums unterstützen soll. Wöchentlich trifft sich eine Gruppe junger Frauen, die zu frauenspezifischen Themen arbeiten, Vorträge halten und Begegnungen organisieren. Besonderer Wert wird hierbei auf Begegnungen mit Frauen anderer Länder gelegt, um unterschiedliche Konzepte von Frauenarbeit auszutauschen und andere inhaltliche Schwerpunkte kennenzulernen. Für Frauengruppen, die nach Palästina kommen, können spezielle Programme angeboten werden.

b) Freizeitgestaltung

Um dem Ziel, ganzheitliche Frauenarbeit zu betreiben, gerecht zu werden, gibt es auch spezielle Freizeitangebote. Kinderbetreuung wird parallel organisiert. Da öffentliche Freizeitmöglichkeiten in Palästina sehr begrenzt sind, bietet dieses Angebot viele Chancen für Frauen. Von der Möglichkeit, einfach auf eine Tasse Tee vorbeizukommen und andere Frauen zu treffen oder in der Bibliothek zu lesen, bis hin zu kreativem Arbeiten in Gruppen, all dies soll Entspannung, aber auch Chancen zur Bewältigung eines schwierigen Alltags schaffen.

c) Arbeit/Produktion

Jungen Frauen, die Familie haben, fehlen die Möglichkeiten, außerhalb des Hauses ein eigenes Einkommen zu erwirtschaften. Sie haben aber oft dennoch den Wunsch, selbst Geld zu verdienen.

Dazu gibt es bisher eine Frauenkooperative, die Stickereiprodukte fertigt und verkauft. Um nicht in Konkurrenz mit anderen Projekten zu geraten, wurden in der Kooperative speziell christlich-palästinensische Motive und Produkte für christliche Gemeinden entwickelt. Vorteilhaft ist, daß Frauen bei dieser Arbeit auf schon vorhandene Fähigkeiten zurückgreifen und sie mit ihrer Familie in Einklang bringen können. Der Verkauf wird über das Zentrum – auch in das Ausland – organisiert. Das Projekt trägt sich inzwischen durch den Verkauf selbst. Marketingkurse und Weiterbildung der Frauen im ökonomischen Bereich legen die Grundlage für eine erfolgreiche Weiterführung des Projekts.

»Es gibt keinen Gegensatz zwischen der Frauenfrage und der nationalen Frage«

Interview mit Hanan Ashrawi

Ulrike Bechmann: Frau Ashrawi, Sie hatten als Frau eine sehr pro-
minente Stellung in der palästinensischen Delegation am Beginn der
Friedensgespräche von Madrid und Washington. Was haben Sie vor-
her gemacht, daß Sie für eine solche Position ausgewählt wurden?
Hanan Ashrawi: Das ist eine sehr lange Geschichte. Meine
Aktivitäten gehen bis auf das Jahr 1967 zurück, der Besetzung des Westjordanlandes und Gazas durch Israel. Ich
war damals Studentin in Beirut, und mir wurde klar, daß
die palästinensische Frage sehr dringlich war. Meine eigene Heimatstadt, mein eigenes Haus war unter Besetzung,
ich konnte nicht zurückkehren, um meine Familie zu
sehen. Ich begann, in der Vereinigung der palästinensischen Studierenden (General Union of Palestinian Stu-
dents) zu arbeiten, und wir begannen, die Vereinigung der
palästinensischen Frauen (General Union of Palestinian
Women) zu bilden. Ich arbeitete damals hauptsächlich in
Flüchtlingslagern zu politischer Bewußtseinsbildung und
politischer Erziehung. Danach ging ich in die Vereinigten
Staaten, um meine Promotion zu machen und arbeitete in
verschiedenen internationalen Organisationen mit.

Als ich zurückkam, gab es drei Dinge, in die ich sofort
eingebunden war: soziale und politische Tätigkeiten und
Frauenarbeit. In den siebziger Jahren haben wir die erste
Basisorganisation von Frauen gebildet, aber wir begannen
mit sehr kleinen Frauenstudiengruppen. Denn wir wollten
uns einerseits mit Frauenthemen innerhalb eines interna-

177

tionalen oder globalen Rahmens beschäftigen, aber gleichzeitig wollten wir ein geschlechtsspezifisches Programm (gender agenda) entwickeln, das authentisch aus der palästinensischen Wirklichkeit stammt. Ich war auf diese Weise lange Zeit im Frauenbereich engagiert. Neben meiner Tätigkeit in der Universität war ich außerdem noch im Erziehungsbereich in alternativen Erziehungsprogrammen aktiv. Acht Jahre lang war ich Leiterin des Fachbereichs Anglistik und vier Jahre lang Dekanin der geisteswissenschaftlichen Fakultät. Zur gleichen Zeit haben wir Nachbarschaftskomitees gebildet. In der Intifada wurde es sehr wichtig, daß wir uns mit dem kollektiven, allgemeinen Ausdruck der Zurückweisung der Besetzung und der Bekräftigung der palästinensischen Rechte auseinandersetzten. Ich war daran beteiligt, diese Entwicklung politisch nach außen hin darzustellen. All das zusammen hat also zu meiner jetzigen Position geführt.

U.B.: Wie würden Sie die Rolle der Frau in der palästinensischen Gesellschaft beschreiben?
H.A.: Ich werde ausholen müssen, weil wir eine komplexe Gesellschaft sind. Wir haben das ganze Spektrum von Haltungen Frauen gegenüber: von sehr repressiven Haltungen in dem ganz traditionell diskriminierenden Sinn bis hin zu Frauen, die einen sehr hohen Bewußtseinsstand und bedeutende Leistungen auf ihrem Arbeitsgebiet erreicht haben. So ist bei uns alles vertreten. Normalerweise ist unsere Gesellschaft, so wie man es erwartet, in vieler Hinsicht ganz traditionell. Aber trotz der traditionellen Prägung hat es auch immer eine Art liberale Haltung, besonders in der Betonung der Erziehung gegeben. Die palästinensische Gesellschaft hat immer Wert auf Erziehung gelegt und ist immer offen gewesen, denn die Einstellung zur Politik und anderen Bereichen war und ist plura-

listisch. Obwohl wir also eine traditionelle Gesellschaft sind, waren Frauen nicht so unterdrückt wie in anderen arabischen Staaten; aber gleichzeitig waren sie den normalen diskriminierenden Standards einer männlich dominierten Gesellschaft ausgesetzt. Wir sagen immer, daß die Frauenbewegung auf die zwanziger Jahre zurückgeht, lange vor der Errichtung des Staates Israel im größten Teil des palästinensischen Gebiets. Aber diese Bewegung war auf städtische Mittelschichtfrauen begrenzt und sie war hauptsächlich caritativ und ein Luxus für einige Frauen.

Die Revolution der wirklichen Basisfrauen begann erst vor kurzem, ich glaube, sie begann mit der Gründung der Arbeitskomitees in den 70er Jahren. Aber das bedeutet nicht, daß es keine Kontinuität und keine Entwicklung in der Frauenbewegung gab, sie hat niemals aufgehört. Während der Intifada gingen sie sofort heraus auf die Straße, sie handelten, traten den Soldaten, der Armee gegenüber, führten Aktivitäten durch, die Mut verlangten und es erforderten, daß man sich ständig in der Öffentlichkeit zeigte. Aber dabei blieb es nicht. Denn es war uns immer bewußt, daß Frauen, wenn ihre Rolle nur darin besteht, auf eine unmittelbare Bedrohung zu reagieren, wie es in Algerien und anderen Ländern der Fall war, sobald die Bedrohung vorbei ist, in die Küche zurückgehen. Wir spürten, daß wir konkrete Fortschritte erreichen und diese Fortschritte festigen mußten, daß wir Tatsachen schaffen mußten.

Gleichzeitig wollten wir diese Fortschritte auch mit einem theoretischen Rahmen stützen, der die Frauen weltweit erfaßt, aber gleichzeitig nicht eine fremde Perspektive ist. Wir suchten eine palästinensische Perspektive mit einem globalen, theoretischen Verständnis. Wir arbeiten, planen und schaffen – ich würde nicht so sehr sagen, die Infrastruktur, als vielmehr die Mechanismen für Koordination und die Rahmenbedingungen für Frauenarbeit. Wir arbeiten die »gender agenda« innerhalb des nationalen Kampfes aus. Zur gleichen Zeit versuchen wir sicherzustellen, daß der Frauenkampf kein zeitlich begrenzter oder marginaler Kampf ist, denn die ganze Zeit gab es viele Widerstände gegen den Kampf der Frauen; uns wurde gesagt, daß für eine Nation, die um Selbstbestimmung und nationale Befreiung kämpft, die sozialen Belange wie der Kampf der Frauen sekundär sind oder zurückgestellt werden können. Wir mußten die Männer davon überzeugen, daß so ein Kampf, wenn er jetzt zurückgestellt wird, verloren ist. Wenn man um Selbstbestimmung kämpft, dann sind die Frauen die ersten, die wissen, was das bedeutet, kein Selbstbestimmungsrecht zu haben: als Frau wie als Volk.

In dieser Hinsicht hat die Frauenbewegung von der Intifada viel profitiert und wurde durch sie beschleunigt. Sie hat sich vielen Herausforderungen gestellt und auch einiges erreicht. Aber wie bei jeder Bewegung, die etwas erreicht hat, gibt es auch einen Rückschlag und eine Gegenreaktion. So gibt es immer noch einige Rückschläge, wir haben noch die gängigen Einstellungen, einige sehr offensichtlich, einige eher subtil, aber diskriminierend. Und wir arbeiten noch an dem öffentlichen Bewußtsein dafür, daß man nicht nur bestimmte Bereiche der Gesellschaft auswählt, keine Kämpfe zurückstellt, keinen Unterschied macht zwischen wichtigeren und weniger wichtigeren Kämpfen, wenn man gegen Unterdrückung, Diskriminierung und für Gerechtigkeit kämpft. Es gibt keinen Gegensatz zwischen den Frauenfragen und der nationalen Frage. Deshalb würde ich sagen, daß wir doch einiges erreicht haben. Wir werden sichtbar, aber gleichzeitig sehen wir uns mit der Reaktion darauf konfrontiert und mit den unterdrückenden Einstellungen, die lange Zeit in unserer Gesellschaft existierten.

U.B.: So sind Sie optimistisch, daß Sie keinen Rückschlag erleiden, wie er ja nicht nur Algerien, sondern auch in Deutschland nach dem Krieg stattfand?

H.A.: Ja, wir haben den Vorteil, daß wir die Beispiele kennen. Wir haben die Beispiele der algerischen Frauen und der westlichen Frauen in Deutschland und in den USA untersucht. Wir kennen die Gefahr: Wenn man nicht das Erreichte festigt, wenn man nicht plant, wenn man nicht z.B. für eine Änderung im Zivilrecht arbeitet, wo die Diskriminierung am offensichtlichsten ist, wenn man nicht einen Apparat und eine Art kollektiver Frauenbewegung schafft, dann wird man mit der realen Möglichkeit des Rückschritts konfrontiert, der Rückkehr in die Küche. Aber glücklicherweise gibt es ein Bewußtsein bei den Frauen dafür, auch wenn möglicherweise die Frauen, die dies vorangetrieben haben, eine Minderheit sind, aber es gibt dieses Bewußtsein, daß wir nicht nur Lückenbüßer sind, daß Frauen Fakten schaffen, die nicht zurückgedreht werden können. Wir planen das. Deshalb sage ich, daß meine Arbeit als Frau nicht ein Zeichen, ein Symbol oder eine Ausnahme ist. Ich komme aus einer gemeinsamen Vision der Frauenbewegung, und das stärkt mich. Gleichzeitig muß meine Arbeit wieder rückwirken auf die Frauenbewegung, um den allgemeinen Status von Frauen in der palästinensischen Gesellschaft zu stützen. Wir kämpfen auf allen Ebenen, es gibt keine Möglichkeit, den nationalen Kampf vom Kampf der Frauen zu trennen und ich benutze meine Situation nicht nur als Beispiel, sondern vielmehr als einen Weg, um Erfolge für Frauen im allgemeinen zu erzielen. Denn es besteht immer die Gefahr, wenn einzelne Frauen Erfolg in der Männerwelt haben, daß sie dazu gebracht werden, eine männliche Sicht anzunehmen, ein männliches Verhalten im Umgang mit der Macht. Aber ich bestehe darauf – wie viele Frauen im politischen Bereich, mit denen ich arbeite –, daß wir in der Politik besonders die Frauensicht einbringen und daß wir nicht die männlichen Haltungen annehmen wollen, um in der Männerwelt Erfolg zu haben. So etwas finde ich sehr negativ, weil man eine eigene Frauenperspektive haben muß und für das allgemeine Wohl der Frauen arbeiten sollte.

U.B.: Wo liegen für Frauen in der palästinensischen Gesellschaft im Moment die größten Probleme?
H.A.: Im allgemeinen nenne ich zwei Punkte: Erstens die fortdauernden traditionellen Haltungen Frauen gegenüber und zweitens die Gegenreaktionen auf die Erfolge der Frauen. Wenn Männer sich bedroht fühlen, gibt es natürlich eine Reaktion. Wir sehen das z.B. in den sozialen Einstellungen: Weil Frauen, wenn sie politisch aktiv sind, auch größeren Gefahren ausgesetzt sind (es gibt die Gefahr, getötet zu werden, ins Gefängnis zu kommen, mißhandelt zu werden), gibt es jetzt das Wiederaufleben des Phänomens der frühen Heiraten, wo Familien eine Heirat für ihre Tochter arrangieren wollen, um sie zu beschützen. Obwohl wir ständig versucht haben, gegen Frühheiraten und arrangierte Heiraten zu kämpfen, sind die Familien zu den frühen Heiraten zurückgekehrt, weil die Frauen Erfolg in der Politik, im Widerstand und in Übernahme einer aktiven Rolle hatten. Dies ist ein Beispiel, wie Erfolg eine Reaktion hervorrufen kann. Eine andere Gefahr kommt durch sehr religiöses Denken. Alle Religionen, die absolut und sehr rigide werden, unterdrücken zuerst immer die Frauen. Der erste Angriffspunkt ist die Frau, egal, ob es im Christentum oder im Islam ist. Fundamentalismus gibt es auf allen Ebenen und er zielt zuerst gegen die Frauen.

Die andere Sache ist die alles beherrschende Situation der Unterdrückung in den Besetzten Gebieten, mit der alle umgehen müssen, nicht nur die Frauen. Wenn man dann schwierige Entscheidungen treffen muß, wie wirtschaftliche Entscheidungen – da wir die höchste Arbeitslosenrate haben und unsere Wirtschaft einer Tragödie gleicht –, wenn man dann eine Entscheidung treffen muß, gibt man die Stelle einem Mann und nicht einer Frau. So enden viele qualifizierte Frauen ohne Arbeit aufgrund der geringen Wahlmöglichkeit und der Tatsache, daß die Männer den Job bekommen. Das gleiche geschieht im Bildungsbereich: Wir haben wirklich hart gekämpft, um Frauen an die Universitäten zu schicken. Und in Bir Zeit haben wir z.B. fast ein Verhältnis eins zu eins zwischen Männern und Frauen. Aber wenn man wirtschaftlich unter Druck steht, und wenn nur einige Kinder eine Ausbildung erhalten können, dann wählt man die Jungen aus, weil sie schließlich die Verdiener sein werden und nicht die Mädchen. Das ist ein anderes Problem, das durch die wirtschaftliche Situation hervorgerufen ist.

Ein weiteres Problem ist die Gegenreaktion der Männer. Denn gerade durch die Intifada haben Frauen ihre Fähigkeiten unter Beweis gestellt, sie redeten nicht nur über ihre Fähigkeiten, sondern sie zeigten, daß sie Initiative ergreifen können, einkommenschaffende Projekte, soziale Projekte oder andere Projekte beginnen können, daß sie Ergebnisse erzielen und für die Ergebnisse verantwortlich sind. Dies bildet eine Bedrohung, denn der wirtschaftliche wie der politische Bereich sind normalerweise die Domäne von Männern. Es ist nicht leicht, sie auf ihrem eigenen Gebiet herauszufordern, deshalb gibt es diese Reaktion. Aber die folgenreichste Reaktion ist, daß es einen Versuch geben wird – und ich bin sicher, daß es ihn geben wird –, die Frauen in die traditionelle Schablone zurückzubringen, besonders, wenn es ein friedliches Übereinkommen geben sollte. Dann wird man den Frauen sagen, daß sie in der Stunde der Not ihre Aufgabe erfüllt haben, und daß sie jetzt nach

Hause gehen, kochen und Kinder erziehen sollten. Ich denke, dies wäre eine Aufgabe für beide, Männer wie Frauen, dies ist nicht nur Frauenarbeit. Ich denke nicht, daß wir Befreiung oder Gleichheit auf diesem Level erreicht haben, wir haben noch einen langen Kampf vor uns.

Ich glaube, der größte Kampf wird für uns im Bereich des Zivilrechts liegen, dort einen neuen Status in einem neuen Staat festzuschreiben, wenn wir ihn haben: Ein Rechtssystem zu schaffen, das nicht diskriminierend ist, das Frauen schützt und ihnen ihre Rechte gibt.

U.B.: Die PLO schrieb in der Unabhängigkeitserklärung, daß es keine Diskriminierung aufgrund von Rassen oder aufgrund des Geschlechts gibt. Denken Sie, daß es Realität werden kann?
H.A.: Wir nehmen diese Erklärung sehr ernst, aber es ist sehr leicht, allgemeine Erklärungen abzugeben, und dann, wenn es zur Durchführung kommt, sich nicht daran zu halten. Darum müssen wir wissen, daß niemand einem etwas schenkt: nicht als Nation, nicht als Volk, nicht als Frau. Man muß kämpfen und sehr hart arbeiten, um die eigenen Rechte zu bekommen. Wir wissen das als Frauen. Um diese allgemeinen Erklärungen der Gleichheit von Geschlechtern und der Freiheit der Religionen und Toleranz mit Substanz zu füllen, müssen wir sicherstellen, daß sie verwirklicht werden, nicht nur im Rechtssystem, sondern auch auf der Basis von Verhalten und von Strukturen in den Institutionen der Gesellschaft.

U.B.: Sie sprachen von dem steigenden Einfluß des Fundamentalismus. Wie würden Sie den Einfluß von den fundamentalistischen Gruppen, wie z.B. Hamas, beschreiben?
H.A.: Wenn Religion die Basis einer politischen Ideologie wird, wird das meistens schädlich, denn dann kehrt man zur Verbindung von Kirche und Staat zurück, statt zur

Trennung des Säkularen vom Religiösen. Ich würde nicht nur Hamas nennen. Ich würde von einem ganzen Ethos im religiösen Denken sprechen, egal ob christlich, islamisch oder jüdisch. Aber ich denke, mit dem Fehlen von Ergebnissen im Friedensprozeß und den immer schwierigeren Umständen in den Besetzten Gebieten tendieren die Menschen zum Religiösen als einer Flucht, nicht als eine Frage des Glaubens. Wenn sie merken, daß die Stimme der Vernunft nicht viel erreicht hat, dann denken sie, daß puristische absolute Positionen wirkliche Alternativen sind. Verzweiflung schafft immer stärker werdenden Glauben an eine göttliche Lösung, statt an eine menschliche Lösung. Diese Tragödie (gemeint ist die Situation im Nahen Osten, U.B.) ist von Menschen geschaffen, und sie sollte von Menschen gelöst werden. Von göttlicher Intervention abhängig zu sein, wird nicht zur Lösung beitragen. Aber die Zunahme dieses kollektiven Ethos tendiert dazu, Frauen ihre bürgerlichen Rechte zu nehmen.

U.B.: Sie sind als christliche Frau in diesem Friedensprozeß engagiert. Hat das etwas zu bedeuten oder ist es Zufall, ob die Mitglieder der Delegation Christen sind oder nicht?
H.A.: Es ist schwer zu entscheiden, ob mein christlicher Hintergrund und meine christliche Erziehung meine Arbeit im Friedensprozeß beeinflussen. Ich denke, wir betrachten uns vor allen Dingen als PalästinenserInnen, der Glaube ist eine persönliche Angelegenheit. Zunächst ist es auch eine Frage des Erbes, man wird in eine Religion hineingeboren, man wählt sie nicht. Zur gleichen Zeit ist es für mich wichtig, daß palästinensische ChristInnen gesehen werden als authentischer Teil der palästinensischen Gesellschaft, als auch ein möglicher Ausdruck der geschichtlichen Kontinuität. Ich würde sagen, daß mein christlicher Glaube das Palästinenserin-Sein weder stärkt noch ab-

schwächt. Unser vordringlichstes Problem ist jetzt nicht die Religion, obwohl man manchmal Reaktion spürt. Unser vordringlichstes Problem ist das nationale Problem. Ob man christlich, muslimisch, nichtgläubig oder auch jüdisch ist – es gibt einige palästinensische Juden –, es ist das Engagement für die nationale Sache, das den Unterschied ausmacht.

U.B.: Wenn ChristInnen in der Friedensdelegation beteiligt sind oder an den nationalen Belangen mitarbeiten, ist es nur ein Zeichen, daß ChristInnen beteiligt sind wie andere auch?

H.A.: Es ist nicht nur ein Zeichen, weil es in der palästinensischen Gesellschaft ja ChristInnen gibt. Es ist eine Widerspiegelung der Realität in unserer Gesellschaft. Ich weiß nicht, ob es einen Unterschied im Verhalten gibt, wenn man einen christlichen Hintergrund hat. Es könnte sein, aber es ist viel zu früh, um etwas zu sagen. Manche ChristInnen tendieren dazu, viel militanter zu sein als Nicht-ChristInnen. Manchmal fühlen ChristInnen, daß sie ihr Engagement durch Militanz beweisen können. Ich denke, für alle ist es viel schwieriger, eine Option für Frieden unter diesen sehr schwierigen Bedingungen aufrechtzuerhalten, als schrill, puristisch, absolutistisch oder extrem zu sein.

U.B.: Was denken Sie über die Friedensbewegung in Israel?

H.A.: Es gibt nicht nur eine Friedensbewegung, sie ist so unterschiedlich und zersplittert. Es gibt ein sehr großes Spektrum, seien es die Friedensaktivisten, die seit den siebziger Jahren mit uns gearbeitet haben und die einen hohen Preis bezahlt haben, weil sie für ihre Prinzipien einstanden – und ich habe mit vielen Israelis seit den Siebzigern zusammengearbeitet, die auf die Straße gegangen sind und die Rechte der PalästinenserInnen als ein Prinzip und als eine Verpflichtung verteidigt haben –, bis hin zu Leuten, die jetzt, wo es politisch akzeptabel geworden ist, politisch involviert sind, nicht als Friedensaktivisten, sondern als Politiker. Es ist eine zersplitterte Bewegung, aber sie hat Einfluß, wenn auch nicht so viel, wie wir uns erhoffen würden. Es gibt einige, die sich aus Prinzip verpflichtet fühlen und daher nicht schwanken, Leute, mit denen wir arbeiten können und mit denen wir lange gearbeitet haben. Andere fördern ihre eigenen politischen Interessen und Zwecke statt politischer Prinzipien, wenn die Konjunktur sinkt. Dies passierte, als einige Minister der Meretzpartei für die Deportation stimmten, obwohl sie wußten, daß es falsch ist. Es ist schwierig, allgemein etwas darüber zu sagen, es ist eine sehr vielfältige Bewegung. Wir hatten von Anfang an mit ihnen zu tun und wir wissen, daß es verschiedene Gruppen und Differenzen in den Positionen gibt. Ich will kein Urteil fällen, aber ich würde sagen, es gibt unterschiedliche Grade des Einsatzes – von prinzipiellen Positionen bis zum politischen Selbstinteresse.

U.B.: Denken Sie, es gibt etwas Spezielles in der Friedensbewegung der Frauen?
H.A.: Ja, der größte Teil der Frauenbewegungen in Israel ist eine Friedensbewegung, denn man kann nicht nur an einem Ort gegen Unterdrückung kämpfen. Man kann nicht für Frauenrechte kämpfen, gegen Diskriminierung, gegen Unterdrückung und für Selbstbestimmung als Frau, wenn man diese Unterdrückung zuläßt. Die nationale Unterdrückung und die Unterdrückung als Geschlecht kommen aus der gleichen Mentalität. Von Natur aus kämpfst du, wenn du gegen die Unterdrückung von Frauen kämpfst, auch gegen die Unterdrückung von PalästinenserInnen. Es gibt eine stärkere Frauenkomponente in der Friedensbewegung. Wir haben Koalitionen und Netzwerke, die Frauenbewegungen und Friedensbewegungen sind, die auch das

ganze Spektrum reflektieren, über das ich gesprochen habe. Aber es gibt auch andere Organisationen mit Männern und Frauen, doch Frauen tendieren dazu, zugunsten von Frieden mehr zielgerichtet zu sein, weil Frauen direkt zum Kern der Sache kommen. Denn sie haben mehr mit grundlegenden Lebensbereichen zu tun: als Lebensspenderin, als Beschützerin von Leben – vor allem Frauen, die sich ihrer eigenen Rolle bewußt sind –, als mit Machtkämpfen, mit Machogebaren oder mit militärischen Haltungen. In Israel gibt es seit langer Zeit Militarismus. Und das ist eine typisch männliche Haltung. Frauen arbeiten gegen die militärische Geisteshaltung, sei es in den Institutionen Israels oder in Beziehungen zu den PalästinenserInnen. Ich denke, daß dieser Typ von Macho-Ego-Mentalität etwas ist, was Frauen nicht übernommen haben und gegen das sie kämpfen. So sieht man Frauen mehr in der Friedensarbeit engagiert als in den etablierten Haltungen von Unterdrückung und militärischen Lösungen.

U.B.: Was wünschen Sie am meisten für die Zukunft?
H.A.: Allgemein gesprochen hoffe ich für meine Töchter, daß sie in Frieden, in Sicherheit und Würde leben können und in Anerkennung ihrer Rechte. Es hat zuviel Leiden gegeben. Und der einzige Weg, das zu erreichen, ist auf der Basis von Gegenseitigkeit und Gleichheit. Es sollte zwei Staaten geben, die Anerkennung der Rechte des palästinensischen Volkes als Volk und die Errichtung eines palästinensischen Staates. Von da aus kann man dann vielleicht zu einer regionalen Kooperation kommen, um die Begrenzungen des Nationalismus zu überwinden.

Das Interview führte U. Bechmann

Nachdruck aus: Ideen und Informationen.
Arbeitsheft zum Weltgebetstag 1994.

Teil 4

Der Beitrag der ChristInnen im Bildungs- und Sozialwesen in Palästina

Hans-Jürgen Abromeit

»Es war keine Schule irgendwelcher christlicher Denomination in ganz Palästina«

Der Beitrag christlicher Schulen in Palästina

Palästina gehörte seit 1517, also weit über drei Jahrhunderte, zum großen osmanischen – türkischen – Reich. Nach etwa 50 blühenden Jahren hatte es seit etwa 300 Jahren nur noch Niedergang erlebt. Die Türken hatten das Land verkommen lassen. Die einheimische Bevölkerung von einigen hunderttausend Menschen bestand im 19. Jahrhundert fast ausschließlich aus Arabern. Lediglich 12 000 Juden lebten 1852 im ganzen Land, die meisten in Jerusalem, Tiberias und Safed. Von den Arabern waren etwa 10 Prozent Christen. Ein Kenner beschreibt die Verhältnisse im Lande damals so: »Das Land hatte keinen einzigen ordentlichen Hafen und keine Eisenbahn; seine Straßen waren verödet, seine Wälder abgeholzt; sein Handel war gering, seine Landwirtschaft primitiv; es gab keine moderne Industrie. Es war ein Land, in dem sich keine Wagen bewegten …, dessen Schiffsverbindung mit Europa in Ermangelung von Häfen von der Gnade des Himmels abhing, ein Land, in dem Angriffe der Beduinen auf die seßhafte Bevölkerung und andere kriegerische Handlungen noch immer Tradition waren, in dem Überfälle auf Reisende zwar eingeschränkt, aber keineswegs ausgemerzt waren, in dem es kein Hotel gab, das diesen Namen verdient hätte, keine Zeitung und keinen studierten Arzt.«[1]

Diese unsäglichen Zustände galten auch für das Schul- und Erziehungswesen. Es gab im Grunde keines, wenn man einmal von den nur religiöses Wissen (Thora und Talmud, bzw. Koran) vermittelnden jüdischen bzw. muslimischen Einrichtungen absieht.

Ein recht anschauliches Bild ergeben die Reiseberichte, die Peter Gradenwitz zusammengetragen hat. Er resümiert diese Berichte mit folgendem Satz: »Das Schulwesen begann erst mit der Schultätigkeit von Missionaren nach 1850.«[2] Dabei hatte es 300 Jahre früher unter dem zweiten über Palästina herrschenden Sultan Suliman II., dem Prächtigen, ein durchaus florierendes Schulwesen gegeben. Allein in Jerusalem sollen 40 Schulen verschiedenster Art mit mehreren tausend Schülern bestanden haben. Aber seitdem hatte auch auf diesem Sektor ein unaufhaltsamer Niedergang eingesetzt. Keine der um die Mitte des 19. Jahrhunderts in Jerusalem tätigen Schulen vermittelte irgendeine Art von Allgemeinbildung. Während die jüdischen Schulen mehr oder weniger privaten Charakter hatten, wurden die muslimischen Schulen von den religiösen Gemeinschaften getragen.

Über die jüdischen Schulen urteilt der Schweizer Jerusalemreisende Titus Tobler 1853: »Man findet daher bei den Juden nirgends eine ordentliche Elementarschulung.« »Man darf daher nicht wähnen, daß die jüdische Bevölkerung ordentlich schreiben könne.«[3] Rabbi Joseph Schwarz beschreibt anschaulich die religiösen Elementarschulen der Muslime um 1850 in Jerusalem: »In vielen Straßen findet man kleine, feuchte, finstere Keller, in denen das Licht nur durch eine offenstehende Tür hereinkommt. Auf dem Boden ist eine große, elende Strohdecke ausgebreitet, auf der, die Füße untereinandergebogen, in einem Zirkel zehn bis fünfzehn Knaben von fünf bis zwölf oder fünfzehn Jahren herumliegen. In der Mitte sitzt der Lehrer mit einem langen Stocke. Fast jeder dieser Knaben hat eine kleine hölzerne Tafel vor sich, worauf einige arabische

Buchstaben gezeichnet sind. Auf diese Art und Weise wird der Elementarunterricht beigebracht, der nicht mehr umfaßt, als ein wenig arabisch lesen und schreiben. Man findet dahier nur wenige Bürger, die ihre Mutter- und Landessprache lesen oder schreiben können, wer dieses vermag, den rechnet man zu der höheren wissenschaftlichen Klasse.«[4] Noch 1877 berichtet der katholische Chronist G. Gatt über die muslimischen Schulen: »In diesen Schulen lernen die Knaben etwas lesen und schreiben und viel Koran, sonst aber nichts. Für die Mädchen gibt es sozusagen keine Schulen; dieselben wachsen fast ganz ohne Unterricht auf.«[5]

Nur auf dem Hintergrund dieser desolaten Lage läßt sich der Beitrag der christlichen Schulen in Palästina recht verstehen. Es war vor allem die protestantische Mission, die die Herausforderung erkannte und annahm. Hier sind besonders Bischof Samuel Gobat (1799–1879) und der Missionar und Erzieher Johann Ludwig Schneller (1820–1896) sowie der Jerusalemsverein (gegründet 1852) und die Kaiserswerther Diakonissen zu nennen. Bald zog die katholische Kirche nach. Bis heute sind die Christen der westlichen Tradition im Schulwesen Palästinas führend.

So gliedert sich das Thema in zwei Unterfragen: Hat die christliche Schularbeit bisher einen Beitrag zur Entwicklung Palästinas geleistet? Worin könnte der Beitrag christlicher Schulen in Palästina heute liegen? Während die erste Frage unser Thema geschichtlich versteht, ist die zweite Unterfrage gegenwärtig und prospektiv gemeint. Die Ausführungen werden erkennen lassen, daß sie aus evangelischer Perspektive geschrieben sind, daß aber gerade die Überlegungen zu den aktuellen Möglichkeiten und Aufgaben christlicher Erziehung ökumenisch gemeint sind und auch nur in einer die Konfessionen übergreifenden Arbeitsgemeinschaft wahrgenommen werden können.

Unter Schularbeit verstehe ich im folgenden alle Aktivitäten der Gemeinden und Kirchen, die Erziehung und Bildung junger Menschen fördern, insbesondere Kindergärten, Primar- und Sekundarschulen, Berufsausbildung, Internatserziehung und mit gewisser Einschränkung auch Erwachsenenbildung.

I. Die Anschubfunktion der evangelischen Schularbeit für das allgemeine Bildungswesen Palästinas

Im Jahr 1846 schlug der preußische König Friedrich Wilhelm IV. den Schweizer Bauernsohn Samuel Gobat zum evangelischen Bischof von Jerusalem vor. Man muß sich einmal vor Augen stellen, was diese denkwürdige Tatsache bedeutete. 1841 hatten das anglikanische England und das evangelische Preußen ein gemeinsames Bistum in Jerusalem eingerichtet, und nun beriefen sie einen reformierten Pietisten aus der Schweiz zum Bischof, der sich besonders durch seine Sprachbegabung (vor allem für das Arabische) auszeichnete. Es gab in dieser Weltgegend keine evangelischen Christen und keine evangelische Kirche. Was hier geschah, war eine Kirchengründung von oben, ohne jeden Basisbezug. Vor seiner Ausreise nach Jerusalem folgte Gobat einer Einladung Friedrich Wilhelms IV. nach Berlin und Sanssouci. In seinen Lebenserinnerungen blickt Gobat auf diesen Besuch zurück: »Während jener Tage, die ich meistens in Sanssouci zubrachte, wo ich mich mitten unter Fürsten zu bewegen hatte, vergaß ich nie, daß ich buchstäblich von dem Düngerhaufen erhoben worden war, und ich hatte ein desto lebhafteres Dankgefühl für das Wohlwollen, welches der König und die Königin mir Tag für Tag bewiesen. Als ich von den Majestäten Abschied nahm, überhäuften sie mich mit ihren besten Wünschen und mit der Versicherung ihrer herzlichen Teilnahme für die meinen Händen anvertraute Arbeit in Palästina ...«[6]

Im Unterschied zu seinem Vorgänger im Bischofsamt, dem jüdischen Konvertiten Alexander, dachte Gobat nicht in erster Linie an Judenmission, sondern an Reformation der orientalischen Kirchen und Bildungsreform.[7] Für Gobat gehörten Reformation und Bildung, bzw. Bildungsreform untrennbar zusammen. In dieser Beziehung dachte er echt reformatorisch. Auch für Luther bedeutete die Wiederentdeckung der Bibel, des Buches, in dem wir das Wort Gottes finden, einen Ansporn, für die allgemeine Verbreitung von Bildung zu sorgen, denn man benötigt Bildung, um dieses Buch zu verstehen. In diesem Sinne förderte Luther nicht nur manche Bildungsanliegen des Humanismus, sondern verdiente sich insbesondere durch seine Schulschriften auch einen festen Platz in der Geschichte der Pädagogik. Wie setzte aber Gobat sein Programm der Reformation und Bildungsreform in Jerusalem durch? Er bediente sich einer einfachen, aber durchaus wirkungsvollen Methode. Er stellte Bibelvorleser ein, zuerst einen für Jerusalem, später aber mehrere für das ganze umliegende Land. Diese Bibelvorleser suchten die Menschen an den Orten auf, an denen sie sich versammelten und begannen dort ganz unspektakulär, jedoch ausgesprochen wirkungsvoll aus der Bibel vorzulesen. Man kann in einer fast ausschließlich aliterarischen Gesellschaft dieses Geschehen kaum überbewerten. Es handelte sich bei dem Vorlesen von zentralen biblischen Texten und Geschichten mit anschließender Interpretation und folgendem Gespräch um einen außerordentlichen Bildungsvorgang. Indem man gemäß des reformatorischen Grundsatzes »allein die Schrift« Aufklärung über den Grund des Glaubens suchte, übte man sich zugleich im Gespräch über Texte, Erzählungen und Geschichten. Das löste offensichtlich eine erhebliche Unruhe aus. In den orientalischen Kirchen, besonders in der griechisch-orthodoxen Kirche stieß Gobat so eine Diskussion über die Rechtmäßigkeit solcher Evangeliumsverkündigung an. Bei der Bevölkerung entstand der Wunsch nach weiterer Unterweisung im Glauben. Indem Gobat Überlegungen des Missionars Johannes Nicolayson aufnahm, der sich seit Herbst 1833 in Jerusalem aufhielt, schritt er bereits 1847, ein Jahr nach seinem Antritt in Jerusalem, zur Schulgründung. Seit dieser Zeit hatte die Entwicklung eines eigenen Schulwesens für Gobat Priorität. Diese von den palästinensischen Arabern sogenannten »Bibelschulen« hatten von vornherein Jungen und Mädchen im Blick. Für die Zeit und für die Weltgegend ganz außergewöhnlich ist die Tatsache, daß in Gobats Schule im Anfang koedukativ erzogen wurde.[8] Bereits zwei Jahre später kann er in seinem Jahresbericht nach Basel melden: »Die Diözesanschule hat ein Gedeihen erlangt, das unter den vorhandenen Umständen kaum erwartet werden konnte… Auch die Schule in Nablus ist im letzten Jahr in einem sehr gedeihlichen Zustand gewesen und hat die Aufmerksamkeit der Eingeborenen in allen benachbarten Orten erregt, so daß sie mich wiederholt ersucht haben, Bibelschulen (wie sie es nennen) in ihren Dörfern und Städten zu errichten… Kürzlich habe ich auch in Tiberias eine ähnliche Schule eröffnet, die schon am Ende der ersten Woche 22 Knaben zählte. – Eine frühere Schule in Salt hatte ich um des Friedens willen einem dortigen Priester übergeben. Ich betrachte dies als den ersten Schritt zu einer Annäherung zwischen dem Patriarchen und mir und sah mit Freuden, daß meine ersten Bemühungen ihn veranlaßt hatten, eine Musterschule unter einem sehr geschickten und, wie ich glaube, wackeren Mann in Jerusalem zu errichten…«[9]

Nicht nur die griechisch-orthodoxe Kirche, sondern

auch die Juden antworteten auf Gobats Aktivitäten mit eigenen Schulgründungen in Jerusalem. Seit 1854 gab es Planungen, die 1856 zur Eröffnung der sogenannten »Lämel-Schule« führten. Der österreichische Jude und Philantrop Ludwig August Frankl gründete diese Schule gegen den Protest der aschkenasischen Orthodoxie in Jerusalem, die gegen »weltliches Lernen« in den Schulen war, weil sie befürchtete, daß dadurch die Geisteswelt anderer Kulturen und Nationen in das Judentum Einzug halten würde. Frankl fühlte sich aber herausgefordert, als Antwort auf die Bischofsschulen von Gobat neben dem Studium der Heiligen Schriften und ihrer Kommentare in seinen Schulen auch in den Fächern der weltlichen Allgemeinbildung zu unterrichten. Er konnte seinen Plan verwirklichen, als die Tochter des böhmischen Juden Simon Edler von Lämel aus dem Vermögen ihres Vaters nach dessen Tod einen großen Teil der Mittel, der für eine Schulgründung in Jerusalem nötig war, spendete.[10]

1871 kann Gobat auf eine 25jährige Tätigkeit in Jerusalem zurückblicken. In einem Brief schreibt er dazu: »Es war keine einzige Schule irgendwelcher christlichen Denomination in ganz Palästina, außer daß die lateinischen Mönche einige zwanzig Knaben im Italienischen unterrichteten. In Safed in Galiläa wohnte der einzige eingeborene Protestant. Ich eröffnete die erste christliche Schule in Jerusalem, im November 1847, mit neun Kindern beider Geschlechter, welche innerhalb dreier Jahre so zunahm, daß sie in zwei Schulen geteilt werden mußte, eine für Knaben, die andere für Mädchen, und diese wiederum nahmen so zu, daß wir jetzt fünf Schulen in Jerusalem selbst haben, mit etwa 400 Kindern; im ganzen haben wir fünfundzwanzig protestantische Schulen in ganz Palästina mit 900 bis 1000 Kindern von fünf christlichen Denominationen, außer [gemeint ist außerdem] Juden, Samaritanern,

Mohammedanern und Drusen, die alle treulich im Worte Gottes unterrichtet werden. ... Von diesen Schulen sind elf unter meiner Leitung, das Waisenhaus hier mitgerechnet, das jetzt sechzig Kinder zählt. Da es mir im Frühjahr an Mitteln fehlte, übergab ich meine beiden Schulen in Bethlehem und Beit Jala samt den beiden Lehrern in die Hände des Berliner Jerusalems-Vereins. ... Indessen sind die Schulen auch in anderer Weise als ein Erfolg unserer Arbeit anzusehen. Als ich zuerst damit anfing, versuchten die römisch-katholischen, griechischen und armenischen Hierarchien durch Kirchenbann und andere Unannehmlichkeiten die Eltern der verschiedenen Kirchen zu zwingen, ihren Kindern den Eintritt in die Bibelschulen zu verbieten; aber da sie auf diesem Weg ihr Ziel nicht erreichten, errichteten sie selbst Schulen an allen Orten, wo ich solche hatte; sie hofften dadurch es dahin zu bringen, daß die Eltern ihre Kinder nicht mehr zu uns kommen ließen. Die Folge war, daß neben meiner Schule immer zwei andere eröffnet wurden, in dem gleichen Orte, so daß nicht viel weniger als 100 Schulen in Palästina sein mögen.«[11]

In 25 Jahren hatte Gobat so direkt und indirekt die Gründung von 100 Schulen veranlaßt. Diese Leistung kann man kaum überschätzen. Zwei dieser Schulen – Gobat nennt die Schulen in Bethlehem und Beit Jala – hatte er bereits in dieser Zeit in die Hände des Jerusalemsvereins überführt. Die anderen Schulen blieben Bistumsschulen und wurden später nach der Auflösung des preußisch-englischen Bistums anglikanische Schulen. Reden wir aber von der evangelischen Schularbeit, dann müssen die anglikanischen Schulen mit den Schulen des Jerusalemsvereins zusammen gesehen werden. Eine besonders wichtige Rolle spielten zwei mit Gobats Schulwesen zwar verbundene, aber doch eigenständige Institutionen. Bereits am 4. 5. 1851 eröffnete Theodor Fliedner mit Kaiserswerther Diakonissen auf Gobats Wunsch ein Mädcheninternat, das anfangs mit Gobats Schule verbunden war. Aus diesem ging dann »Talitha Kumi« (vgl. Mk. 5,41) hervor. Mit diesem Namen wurde der Neubau 1868 auf der Gottfriedshöhe (heute an der Kreuzung der beiden Straßen Ben Jehuda / King George im Westteil Jerusalems) benannt. Mit dem Internat (110 Mädchen) verbanden sich nach der Jahrhundertwende ein Kindergarten und ein Kindergärtnerinnenseminar sowie ab 1903 eine eigene Tagesschule und ein Lehrerinnenseminar, später auch noch ein Hauswirtschaftsseminar.[12] Noch weit umfangreicher war die Arbeit des »Syrischen Waisenhauses« (seit 1860), das sich an die männliche, arabische Jugend richtete. Es war die Gründung des früheren Hausvaters von St. Chrischona (bei Basel) Johann Ludwig Schneller (1820–1896), der sich auch der Berufsausbildung zuwandte.[13]

In dieser umfassenden, von Gobat angeregten Schularbeit sieht der israelische Professor für neuere Geschichte von der Universität Haifa, Alex Carmel, den »wohl bedeutendsten Beitrag zum Wiederaufbau des Heiligen Landes im 19. Jahrhunderts«, den das preußisch-englische Bistum geleistet hat.[14] Er warnt davor, die Rolle der christlichen Welt zum Wiederaufbau des Heiligen Landes zu unterschätzen. Carmel vergleicht die Rolle, die der englische Jude Moses Montefiore beim Aufbau Jerusalems gespielt hat, mit der seines Zeitgenossen Samuel Gobat. Während das Andenken Moses Montefiores in vielfacher Weise bewahrt wurde und man ihn etwa mit der Benennung eines kleinen Viertels außerhalb der Altstadtmauern von Jerusalem ehrte, ist das Andenken seines Zeitgenossen Samuel Gobat heute »in fast völlige Vergessenheit geraten, obwohl sein Beitrag zum Wiederaufbau Palästinas im 19. Jahrhundert wohl kaum geringer war als der des berühmten Montefiore«.[15]

Darum rede ich von der »Anschubfunktion« der evangelischen Schularbeit für die Entwicklung Palästinas. Weil der Gott, an den Christen glauben, sich im Wort mitteilt und dieses Wort verstanden werden will, schließt Verkündigung des Wortes Gottes einen Bildungsauftrag ein. In chaotischen Zeiten, in denen Menschen ihr Recht auf eine bestimmte Grundbildung vorenthalten wird, kann auf diese Weise die verständige Mitteilung des Wortes Gottes Innovationen für ein allgemeines Bildungswesen aus sich entlassen. Der Beitrag der evangelischen Schularbeit zur Entwicklung Palästinas liegt also nicht nur darin, daß einzelne Menschen, Männer und Frauen, für ihr eigenes Leben eine gute Ausrüstung bekommen haben. Auch das allein wäre schon sinnvoll. Darüber hinaus entließ die evangelische Schularbeit in Palästina aber auch aus sich heraus den Impuls an andere Institutionen, seien es christliche Kirchen, jüdische oder muslimische Organisationen, Erziehungsinstitutionen zu entwickeln.

II. Bodenständigkeit und Toleranz als Elemente einer christlich bestimmten Bildung

Wichtiger als die historische Frage ist der Beitrag der christlichen Schulen zur Entwicklung Palästinas in der Gegenwart. Heute wird ja Schule in Palästina gehalten. Was kann eine christliche Schularbeit dann noch bewirken? Liegt ihr Auftrag heute darin, einzelnen eine gute Ausrüstung für ihr Leben zu gewähren?

Zunächst: Schulen funktionieren auch heute in Palästina mehr schlecht als recht. Auch wenn im Zuge des Autonomieprozesses zum Schuljahr 1994/95 die Verantwortung für das Schul- und Erziehungswesen auf die palästinensischen Autoritäten übergegangen ist, und so seitdem wieder ein geregelter Schulbetrieb möglich geworden ist, so tragen die Schüler und Schülerinnen das Erbe der Besatzung in sich. Im konkreten Lebensalltag dauert die Besatzung noch an. Alle Schüler, Schülerinnen, Studenten und Studentinnen, die gegenwärtig in Palästina eine Bildungseinrichtung besuchen, sind Kinder der Besatzung, ein guter Teil von ihnen nun schon in der zweiten Generation. Keiner und keine von ihnen hat jemals ein anderes Leben kennengelernt als fremd im eigenen Lande zu sein. Ihr Alltag ist gekennzeichnet von Sorge um die materielle Zukunft, durch Demütigungen an Polizeikontrollen und auf Ämtern, ja sie alle wissen, was Angst und Todesgefahr bei Razzien, Schußwechseln, Häusersprengungen oder anderen Maßnahmen der Besatzer, die die Sicherheit Israels gewährleisten sollen, bedeutet. Wir brauchen an dieser Stelle gar nicht über die Ursachen zu reflektieren. Für die Kinder Palästinas liegen die Folgen der demoralisierenden und demütigenden Besatzung in der Verfassung ihres Kindseins und ihrer Schülerbiografie klar auf der Hand. Seit dem Dezember 1987, als in einem nationalen Aufbruch das palästinensische Volk die Intifada, d.h. die »Abschüttelung« der Besatzung ausgerufen hat, eskalierten die Zustände in Palästina noch einmal. Seitdem nahm die Zahl von Schulschließungen auf Anordnung des israelischen Militärs stark zu. Je nach Bildungseinrichtung sind in den Jahren von 1988–1993 Institutionen wie Schulen, Universitäten oder Kindergärten zwischen 24 und 36 Monaten geschlossen worden. Für Lehrer und Erzieher wurden Berufsverbote verhängt. Doch Schüler und Lehrer tragen nicht nur die Last der Besatzung, sondern dazu kommt noch, daß den jetzigen palästinensischen Autoritäten alle Mittel fehlen, um dringend nötige Schulgebäude zu bauen und die Schulen mit dem notwendigen Standard auszustatten.

Khalil Mahshi, der frühere Direktor der »Friends School«
in Ramallah und jetzige Abteilungsleiter im Erziehungsministerium, sieht deswegen die Gefahr der intellektuellen
Unterentwicklung einer ganzen Generation heraufziehen:
»Wir müssen heute feststellen, daß der Bildungsstand an den
palästinensischen Schulen weit abgesunken ist. Im Klartext:
Wir können heute überhaupt keine Entwicklung feststellen,
sondern nur Stagnation. Für die Zukunft ist es unsere Aufgabe, mindestens den alten Standard wiederherzustellen.
Neben den politisch bedingten Auflagen der Armee wirkt
sich augenblicklich aber die finanzielle Austrocknung des
Bildungswesens durch die unverantwortliche Bürokratie als
besonderes Problem aus. Es ist entwürdigend zu sehen, wie
ungenügend unsere Schulen ausgerüstet sind. Wir haben
weder Magazine, noch Bibliotheken, noch Werkstätten. Die
Bücher sind veraltet und in schlechtem Zustand. Es gibt von
allen didaktischen Materialien zu wenige. Die Bedingungen
in den Schulen fördern ausschließlich eine akademische,
theoretische, rein kopforientierte Bildung. Es gibt keine
Infrastruktur für praktische Unterrichtsansätze, für ›learning by doing‹ – es fehlen technische Orientierungen. So ist es
kein Wunder, daß die Mehrheit der Schüler nach dem
Abschluß ihre berufliche Zukunft im sozial- und geisteswissenschaftlichen Bereich weiterverfolgen. Nur zwei bis drei
Prozent der Schüler beginnen eine gewerbliche Berufsausbildung.«[16]

In dieser Situation versucht auch ein evangelisch-luthe-
risches Schulwesen, mit dem der Jerusalemsverein in part-
nerschaftlicher Beziehung steht, seinen Weg zu finden.
Gegenwärtig werden zirka 3500 Schüler in fünf Schulen
unterwiesen. Von diesen Schulen sind zwei Schulen Ober-
schulen, die Schulausbildung in den Klassen eins bis zwölf
mit dem Abschluß des sogenannten Tawjis, des jordanischen Abiturs betreiben. Drei der Schulen sind Mittelschu-

len mit den Klassen eins bis neun. Zu jeder Schule gehört ein Kindergarten. Außerdem gehören zwei Internate zu diesem Schulverbund. Das ganze evangelische Schulwesen muß sich durch eine reine Kirchen- und Gemeindefinanzierung tragen. Außer einer geringen und in Zeiten einer über 50prozentigen Arbeitslosigkeit stetig zurückgehenden Finanzierung durch Schulgelder muß also die kleine evangelisch-lutherische Kirche (ELCJ) in Zusammenarbeit mit ihren Partnern in Übersee, hier in Deutschland vor allen Dingen dem Berliner Missionswerk und dem mit ihm verbundenen Jerusalemsverein, einstehen.

Welcher Art ist die im evangelisch-lutherischen Schulwesen vermittelte Bildung? Den guten Ruf im Lande zeigt die Tatsache, daß stets eine größere Nachfrage nach Plätzen vorhanden ist, als befriedigt werden kann. Unter den zehn besten Tawjis, die in der West-Bank abgelegt wurden, waren in den letzten Jahren immer Schülerinnen und Schüler der lutherischen Schulen, besonders von Talitha Kumi, der christlichen Gesamtschule oberhalb von Beit Jala, deren Trägerschaft beim Berliner Missionswerk liegt. Jedoch hat die unsichere politische Lage und die Unruhe unter den Jugendlichen auch hier zu einem Qualitätsrückgang geführt.

Wie aber könnte der inhaltliche Beitrag in einer von solch chaotischen Rahmenbedingungen bestimmten Gegenwart aussehen? Ein in die Ausweglosigkeit unterdrücktes Volk wie die Palästinenser neigt dazu – gesteigert durch eine orientalische Mentalität –, nationale Märtyrer zu produzieren. Besonders schmerzhaft empfinden die Palästinenser den Verlust ihres Landes. Ursula Schneider hat in einer soziologischen Forschungsarbeit und durch eine empirische Feldforschung die Einstellungen der arabischen Bevölkerung in einigen ausgewählten galiläischen Dörfern untersucht. Diese Einstellungen sind aber durchaus typisch für palästinensische Einstellungen überhaupt. In den Befragungen begegnen immer wieder Aussagen wie: »Land ist mein Leben. Ich bin der Körper, das Land ist mein Herz. Es ist besser zu sterben, als ohne Land zu sein.«[17] Überraschenderweise ist in einem rein christlichen Dorf diese religiöse Überhöhung der Bedeutung des Landes nicht nachweisbar. Hier wird das Land zwar auch als identitätsstiftend und existenzsichernd verstanden[18], aber es bleibt in dieser Funktion für den Menschen, es wird nicht dem Menschen übergeordnet. Wir begegnen hier einem auffälligen Unterschied zwischen einer christlichen Einstellung und einer muslimischen. Während die Muslime zur Totalidentifikation mit dem Land neigen, sind zwar die Christen durchaus bodenständig, stellen aber prinzipiell den Wert des Lebens über den des Landes.

Meines Erachtens kann man an diesem Beispiel sehr gut erkennen, wie aus einem unterschiedlichen Gottesbild, aus differierenden religiösen Werten, auch unterschiedliche ethische Einstellungen und Lebensanschauungen erwachsen. Während nach der islamischen Vorstellung vom Dar al islami (Haus des Islam) sich Allah unauflöslich an das Land bindet, soll der christliche Gott im Unterschied dazu »im Geist und in der Wahrheit angebetet werden« (Joh. 4,24). Auf diese Weise wird aus dem Patriotismus seine religiöse Komponente entfernt. Ein Christ wird niemals einen religiös fanatisierten Nationalismus vertreten können, sondern lediglich einem in gewisser Weise säkularisierten religionslosen Nationalismus anhängen können.

Ziel einer so bestimmten Bildung wird gewiß nicht sein, daß Christen die Bindung an ihr Land lockern und dann auch über kurz oder lang auswandern, sondern ihre Verantwortung im Land wahrnehmen und durch ihrer eigenen Hände Arbeit ihr Auskommen finden.

In einer Situation, in der die Arbeitslosigkeit schon weit

die 50-Prozent-Marke überschreitet, in der aber trotzdem nur zwei bis drei Prozent der Absolventen mit Tawji eine gewerbliche Berufsausbildung beginnen, muß sich christliche Bildung dazu aufgefordert fühlen, weitere Überlegungen zur Stärkung der beruflichen Ausbildung anzustellen. Auf diesem Hintergrund sind die Pläne zur Berufsausbildung als möglichem Ausbildungszweig in Talitha Kumi zu verstehen. Gewiß wird nur ein steigender Anteil von Absolventen einer gewerblichen oder handwerklichen Ausbildung die Voraussetzung für mehr Bodenständigkeit gerade der nachwachsenden palästinensischen Generation bieten. Nur auf diese Weise erhält auch ein möglicher zukünftiger Staat Palästina eine reale Existenzchance.

Weil sich auf die Dauer nur wache und engagierte Glieder der palästinensischen Gesellschaft werden behaupten können, hat eine Gruppe von Pädagogen aus der Leitung des evangelisch-lutherischen Schulwesens 1985/86 das Programm Education for Awareness and Involvement (deutsch: Erziehung zu Bewußtsein und Engagement) ins Leben gerufen. Außer der Umorientierung hin zu einem mehr praktischen Lernen und der Aufwertung der Berufsausbildung ist das Ziel dieses Programms, das Bewußtsein für die eigenen Entwicklung zu schärfen. Ausdrücklich wird auch die Bewahrung der natürlichen und soziokulturellen Umwelt genannt. Teil dieses Programms ist die Öffnung der Schule für die sie umgebenden Gemeinden und die damit zusammenhängende Zusammenarbeit mit anderen Institutionen aus Industrie und Bildung wie Universitäten und Unternehmen.

An den evangelischen Schulen werden Christen verschiedenster Konfessionen und Muslime zusammen ausgebildet. Ein noch größerer Rahmen gemeinsamer Erziehung, der prinzipiell pädagogisch wünschenswert wäre, etwa auch mit Juden, ist im Moment unrealistisch. Um den anderen tolerieren zu können, muß der einzelne erst einmal seinen eigenen Standort finden und kennen. Die evangelischen Schulen haben darum seit einem Jahr viele Bemühungen daran gewandt, ein neues, aktuelles Religions-Curriculum zu entwickeln. Dieses soll den an den evangelischen Schulen zugrunde gelegten Lehrplan für den Religionsunterricht ablösen. Im Moment ist das Curriculum für das sechste Schuljahr in Arbeit. Während es sich bisher noch am Katechismus orientierte, hat man sich nun darauf verständigt, das Kirchenjahr als gemeinchristliche Basis für den allen Konfessionen gemeinsamen Religionsunterricht zugrunde zu legen.

Nur derjenige, der weiß, welche Freiheit Gott schenkt, kann auch anderen Freiheit einräumen und muß sich nicht mehr eifersüchtig seinen eigenen Standort immer wieder neu erkämpfen. Wer von Gott angenommen ist, der wird auch in die Lage versetzt, andere anzunehmen. Darum möchte der christliche Religionsunterricht an den evangelischen Schulen das Verständnis des Glaubens erschließen und die jungen Christen sprachfähig machen, als Minderheit in einem mehrheitlich muslimischen Palästina zu leben und ihren Beitrag zur Entwicklung der palästinensischen Gesellschaft im friedlichen Miteinander zu leisten.

Wenn die christlichen Schulen diese Ziele ins Auge fassen und auch nur einige Schritte auf diesem Weg vorankommen, dann leisten sie einen Beitrag zur Entwicklung eines toleranten und demokratischen Palästinas. Dieser Beitrag wäre in seinen Dimensionen so weitreichend und wichtig, daß er mit Gobats Leistung im vergangenen Jahrhundert durchaus verglichen werden könnte.

Anmerkungen

[1] Alex Carmel, Christen als Pioniere im Heiligen Land. Ein Beitrag zur Geschichte der Pilgermission und des Wiederaufbaus Palästinas im 19. Jahrhundert (Theologische Zeitschrift Sonderband X), Basel 1981, 22.

[2] Das Heilige Land in Augenzeugenberichten. Aus Reiseberichten deutscher Pilger, Kaufleute und Abenteurer vom 10. bis zum 19. Jahrhundert, hg. v. Peter Gradenwitz, München 1984, 203, vgl. 203–215.

[3] Bei P. Gradenwitz, 206 f.

[4] Bei P. Gradenwitz, 207 f.

[5] A.a.O. 215.

[6] Samuel Gobat, Evangelischer Bischof in Jerusalem. Sein Leben und Wirken, meist nach seinen eigenen Auszeichnungen, Basel 1884, 259–261.

[7] Es ist das große Verdienst der Arbeit von Mitri Raheb, Das reformatorische Erbe unter den Palästinensern. Zur Entstehung der Evangelisch-Lutherischen Kirche in Jordanien (Die lutherische Kirche. Geschichte und Gestalten 11) Gütersloh 1990, besonders 45–49, auf das Selbstverständnis Gobats als Reformator (und nicht als Missionär!) der orientalischen Kirchen hingewiesen zu haben.

[8] Vgl. A. Carmel, a.a.O. 117.

[9] Zitiert nach A. Carmel, a.a.O. 82.

[10] Vgl. zur Lämel-Schule bei B. Gradenwitz, a.a.O., 210–214.

[11] Zitiert nach A. Carmel, a.a.O., 117 f.

[12] Vgl. S. Hanselmann, Deutsche Evangelische Palästinamission, Erlangen 1971, 67 ff., 109 ff., 143 ff.

[13] Vgl. a.a.O. 77 ff., 113 ff., 146 ff.

[14] A. Carmel, a.a.O. 95.

[15] A.a.O. 11.

[16] 25 Jahre: Bildung unter Besatzung. Interview mit dem Schulrektor Khalil Mahshi, in Palästina 5, 1992, Heft 3, 33–35; 34.

[17] Vgl. U. Schneider, Land ist unser Leben. Galiläische Dörfer im Nahostkonflikt (Soziologie und Anthropologie, hg. v. Ch. Sigrist), Frankfurt/Bern/New York 1986, 188–221.

[18] Vgl. a.a.O. 227 ff.

VIOLA RAHEB

Das Schulsystem in Palästina

Das Schulsystem in Palästina baut in den einzelnen Berei-
chen aufeinander auf. Die drei aufeinanderfolgenden
Schularten heißen *Elementary-*, *Preparatory-* und *Secondary-*
Bereich. Die englischen Bezeichnungen weisen auf die
Herkunft aus der Mandatszeit hin.

Dem *Elementary-*Bereich gehören die Kinder im Alter
von sechs bis zwölf Jahren an, der *Preparatory-*Bereich hat
drei Jahrgangsstufen für die Kinder von 12 bis 16 Jahren,
der *Secondary-*Bereich bereitet die SchülerInnen bis 18 Jahre
auf das Abitur vor. Bei dem Wechsel zum *Secondary-*Bereich
kann man sich zwischen Geistes- und Naturwissenschaften
entscheiden. Seit 1991/92 beträgt die allgemeine Schul-
pflicht zehn Jahre.

Drei unterschiedliche Schulträger gibt es in Palästina.

a) Die staatlichen Schulen

Die staatlichen Schulen wurden bis 1967 entweder vom jordanischen oder vom ägyptischen Erziehungsministerium
geführt. Seit dem Krieg von 1967 unterstehen diese Schulen der israelischen Militärregierung, seit 1982 der Civil
Administration. Die Mehrheit der Schulen in den Besetzten Gebieten ist staatlich. 78 Prozent der gesamten Schü-
lerschaft besuchten im Jahre 1982 diese staatlichen Einrichtungen.[1] Allerdings ist die Anzahl der staatlichen
Schulen nach einer Studie von September 1989 rückläufig.

Im Gegensatz zur Anzahl der Schulen stieg im gleichen Zeitraum die Anzahl der SchülerInnen an den staatlichen Schulen um 119 Prozent. Um auf das Anwachsen der SchülerInnenzahl reagieren zu können, wurde sowohl die Anzahl der Klassen an den jeweiligen Schulen erhöht als auch die Anzahl der SchülerInnen in den Klassen vergrößert. Unter diesen Umständen haben sich die Lehr- und Lernbedingungen erheblich verschlechtert.

Die staatlichen Schulen bieten einen dreistufigen Bildungsgang an, wobei die SchülerInnen ein symbolisches Schulgeld bezahlen müssen. Die Palästinenser in den Besetzten Gebieten müssen hohe Steuern an die Militärregierung bezahlen, doch werden von der Militärregierung, ganz besonders im Bereich der Bildung, vergleichsweise wenig Leistungen erbracht.[2] Da die staatlichen Schulen nur mit geringen finanziellen Mitteln betrieben werden, sind sie meistens überfüllt und nicht ausreichend ausgestattet. Der Erziehungsstandard an diesen Schulen ist, verglichen mit anderen Schulträgern, niedrig. Da die LehrerInnen schlecht bezahlt werden, ist es schwierig, neue LehrerInnen für diese Schulen zu gewinnen und gleichzeitig schwer, die guten LehrerInnen für eine länger dauernde Tätigkeit zu halten. Während in der West-Bank im Durchschnitt etwa 34 SchülerInnen eine Schulklasse besuchen, sind es im Gaza-Streifen etwa 40 SchülerInnen.[3]

b) Die Privatschulen

Die Mehrheit der Privatschulen befinden sich in der West-Bank und in Ost-Jerusalem. Von den insgesamt 1279 Schulen, die es in der West-Bank und Ost-Jerusalem im Jahre 1988/89 gab, waren 317 Schulen in privater Trägerschaft; im Gaza-Streifen gibt es dagegen nur 49 Privatschulen.[4]

Die Privatschulen in den Besetzten Gebieten werden wiederum von unterschiedlichen Arten von Trägern geführt:
– von religiösen Organisationen
– von der muslimischen Waqf [5] oder einzelnen Personen [6]
– von Wohltätigkeitsorganisationen

Die von religiösen Organisationen geleiteten Schulen gehören entweder muslimischen oder christlichen religiösen Organisationen, wovon die christlichen Privatschulen die älteren sind. Viele dieser Schulen wurden bereits im letzten Jahrhundert gegründet. In dieser Zeit interessierten sich viele ausländische, vor allem europäische Missionsgesellschaften für das Heilige Land. Um dort eine Ausgangsbasis aufzubauen, begannen sie damit, Schulen und Sozialstationen einzurichten. Seit Ende der siebziger und Mitte der achtziger Jahre dieses Jahrhunderts wurden diese Einrichtungen von den einheimischen Kirchen übernommen. Dies geschah im Zuge der Arabisierung der Kirchen im Lande.

Die christlichen Schulen in der West-Bank sind vor allem in Städten wie Bethlehem, Beit Jala, Ramallah usw. stark vertreten, da in diesen Städten die Mehrheit der christlichen Palästinenser lebt, und diese Städte für die Christen auch eine emotionale Bedeutung haben. Dies läßt sich deutlich daran erkennen, daß sich 55 christliche Privatschulen in der West-Bank befinden, während in Gaza nur zwei christliche Privatschulen existieren. [7]

Die Schulen von muslimischen Organisationen sind hauptsächlich in den vergangenen fünfzehn Jahren gegründet worden. [8] Diese Schulen konzentrieren sich in der Region Jerusalem. Die Mehrheit dieser Schulen bieten eine Bildung in den Bereichen Kindergarten und *Elementary*, einige davon bieten allerdings auch eine Bildung in den Bereichen *Preparatory* und *Secondary* an. [9] Während an den meisten christlichen Schulen die SchülerInnen sowohl

Muslime als auch Christen sind, sind die SchülerInnen an den muslimischen Schulen fast ausschließlich Muslime.[10]

Ein neuer Trend in den dreißiger und vierziger Jahren dieses Jahrhunderts zielte auf die Errichtung von Privatschulen, die nicht an religiöse Organisationen gebunden waren. Dieser Trend ist im Kontext der Entstehung des arabischen Nationalismus Anfang dieses Jahrhunderts zu verstehen. Diese Schulen betonen statt der religiösen die nationale Identität. Der Leitspruch dieser Schulen war: »Die Religion für Gott und die Heimat für alle.«[11] Die heutige Birzeit Universität war ursprünglich eine dieser Schulen.

Der wichtigste Beitrag der Privatschulen liegt darin, daß sie die einzigen der drei Schultypen sind, die eine Erziehung bereits ab dem Kindergarten anbieten. Die Privatschulen variieren zwischen solchen, die kein Schulgeld und solchen, die hohe Schulgelder verlangen. Dies führt dazu, daß sich viele Menschen bestimmte Privatschulen nicht leisten können und diese somit einer wohlhabenden Schicht vorbehalten bleiben. Viele Kirchen übernehmen in ihren Schulen einen großen Anteil der Schulgelder, um vielen Kindern eine gute Schulausbildung zu ermöglichen, oder um Familien zu helfen, die sich aus wirtschaftlicher Not eine Privatschule nicht leisten können.

Da die LehrerInnen an den Privatschulen besser bezahlt werden als die LehrerInnen an den staatlichen Schulen, haben die Privatschulen im allgemeinen besser qualifizierte LehrerInnen. Dies ist auch eine Folge der Schulpolitik an den Privatschulen, wo die Träger Wert darauf legen, daß die LehrerInnen eine akademische Ausbildung haben. Auch die Lernbedingungen für die SchülerInnen an diesen Schulen sind besser als an den staatlichen Schulen. So haben die Klassen durchschnittlich eine geringere Klassenstärke als staatliche Schulen.[12]

Der Standard an diesen Schulen ist, verglichen mit dem der staatlichen Schulen, sehr hoch. Die Privatschulen müssen sich wie die staatlichen an das jordanische Curriculum halten. Allerdings kann man sagen, daß die Privatschulen im allgemeinen weniger rechtlichen Beschränkungen unterliegen als die staatlichen.[13] So können viele der Privatschulen Fächer wie Musik, Kunst, Sport, Umweltschutz, Fremdsprachen usw. zusätzlich anbieten, die an staatlichen Schulen entweder selten oder gar nicht angeboten werden.

Durch ihre Kontakte zu ausländischen Organisationen haben viele der christlichen Privatschulen Zugang zu Stipendien für das Ausland, und können somit einzelnen SchülerInnen ein Studium im Ausland ermöglichen. Weil die Privatschulen zusätzlich zu Englisch eine weitere Fremdsprache unterrichten, können die SchülerInnen die entsprechenden Voraussetzungen für die Bewerbung erfüllen. Seit 1967 hat sich die Zahl der Privatschulen im Gaza-Streifen und in den Besetzten Gebieten mehr als verdoppelt. Anders als im Bereich der *Civil Administration* reagierten die privaten Träger auf die große Nachfrage nach Bildungsangeboten. Sie gründeten eine ganze Reihe von neuen Schulen.

Die UNRWA-Schulen[14]

Diese Schulen wurden Anfang der fünfziger Jahre von der UNRWA gegründet, um den Kindern der palästinensischen Flüchtlinge eine Bildung zu ermöglichen. Sie stehen solchen Flüchtlingen offen, die offiziell bei der UNRWA registriert sind. Da sich die Mehrheit der palästinensischen Flüchtlinge innerhalb der Besetzten Gebiete im Gaza-Streifen befindet, wurden die meisten Schulen der UNRWA im Gaza-Streifen gegründet. Deshalb werden heute etwa 51 Prozent der gesamten Schulen im Gaza-Streifen von der

UNRWA geleitet, während ihre Anzahl in der West-Bank nur bei etwa zehn Prozent liegt.[15] Am Anfang fand der Unterricht in Zelten statt, und die SchülerInnen saßen auf dem Sandboden. Als deutlich wurde, daß die Flüchtlinge so schnell nicht wieder in ihre Heimatstädte zurückkehren konnten, begann die UNRWA im Jahre 1955 mit der Errichtung von Schulgebäuden. Während der ägyptischen Herrschaft über den Gaza-Streifen (vor 1967) war die Anzahl der SchülerInnen sehr hoch, da die UNRWA-Schulen sowohl eine kostenlose Bildung boten als auch die notwendigen Bücher und Schreibmaterialien kostenlos zur Verfügung stellten.

Das Angebot der UNRWA-Schulen beschränkt sich auf die ersten zwei *Schulstufen (Elementary und Preparatory).* Diejenigen SchülerInnen, die ihren Bildungsgang fortsetzen möchten, besuchen im Anschluß staatliche Schulen.[16]

Trotz gestiegener Flüchtlingszahl nach 1967 sank die Zahl der UNRWA-Schulen bis Mitte der 80er Jahre um 30 Prozent. Auch stehen der Organisation nicht genügend Schulgebäude zur Verfügung. Deshalb sind viele Schulen dazu gezwungen, in zwei Schichten zu arbeiten. Sie verkürzen sowohl den Schultag als auch den Schulunterricht.[17] Was das bedeutet, zeigt ein Bericht von dem Besuch einer UNRWA-Schule im Gaza-Streifen im Jahr 1993, den die AutorInnen der Studie »Learning the Hard Way« abgaben. In einer der Schulen in Gaza gab es 17 Räume, aber 19 Klassen in einer »Schicht«. Das bedeutete, daß es immer zwei Klassen gab, in denen die SchülerInnen gezwungen waren zu warten, bis wieder einer der Räume frei war. Nur durch Platztausch mit anderen Klassen konnten sie unterrichtet werden, während dann andere SchülerInnen gezwungen waren, in dem staubigen, heißen Hof zu warten.[18]

Trotz dieser Mängel sind die UNRWA-Schulen stark

gefragt. Sie müssen sich an das jeweilige Curriculum halten: in der West-Bank an das jordanische, im Gaza-Streifen an das ägyptische. Aber das Niveau dieser Schulen ist wesentlich höher als das der staatlichen, da die UNRWA-Schulen ständig unter der Kontrolle der UNRWA-Beauftragten stehen.[19] Hinzu kommt noch, daß die Lehrerschaft an diesen Schulen zusätzlich zu ihrer Ausbildung Spezialkurse in Lernmethoden und in pädagogischer Psychologie als weitere Qualifikation für ihre Fortbildung als LehrerInnen besuchen müssen.[20]

Mit beginnender Autonomie ging die Verantwortung für das Bildungswesen in palästinensische Hände über. Wie sich das Schulsystem entwickeln wird, muß sich erst erweisen, zumal sich für den weitaus größten Teil der Besetzten Gebiete und Ost-Jerusalem politisch- und damit auch im Bildungswesen – nichts geändert hat.

Anmerkungen

[1] Graham-Brown, S.: Darmstadt 1987, S. 82.
[2] Educational Network: Newsletter Nr. 1. Ramallah Juni 1990, S. 2.
[3] Arab Studies Society: Jerusalem 1987, S. 205.
[4] Educational Network: Newsletter Nr. 1. Ramallah Juni 1990, S. 8.
[5] Muslimische Eigentümer. Die Gelder für die Erhaltung dieser Eigentümer, die zum größten Teil aus den arabischen Ländern kommen, werden von Jordanien verwaltet.
[6] Educational Network: Newsletter Nr. 5. Ramallah Juni 1991, S. 3.
[7] Educational Network: Newsletter Nr. 5. Ramallah Juni 1991, S. 12.
[8] Educational Network: Newsletter Nr. 6. Ramallah Juni 1991, S. 3.
[9] Ebd.
[10] Ebd.
[11] Al Barghouti, A.: Altaiba 1991, S. 732.
[12] Al Qasas: Beit Sahour 1989, S. 25.
[13] Educational Network: Newsletter Nr. 1. Ramallah Juni 1990, S. 2.
[14] Educational Network: Newsletter Nr. 1. Ramallah Juni 1990, S. 2.

15 United Nations Relief and Works Agency. Sie wurde von den Vereinten Nationen für die palästinensischen Flüchtlinge nach 1948
gegründet und arbeitet bis heute in den Flüchtlingslagern.

16 Educational Network: Newsletter Nr. 1. Ramallah Juni 1990, S. 2.

17 Ebd.

18 Ramsden, Sally und Senker, Cath: »Learning the Hard Way«, wus,
London 1993, S. 25.

19 Educational Network: Newsletter Nr. 1. Ramallah Juni 1990, S. 2.

20 A.a.O., S. 2.

Viola Raheb

»Bildung ist ein Weg zur Veränderung«

Der Einfluß der Politik auf das Bildungswesen in Palästina

Geschichtlicher Überblick

Fünfhundert Jahre Fremdherrschaft haben in Palästina das politische, soziale und ökonomische Leben stark beeinflußt und ihre Spuren auch im Bildungswesen hinterlassen. Jede Regierung hat das Bildungswesen je nach ihren Interessen gestaltet, so daß es heute die verschiedenen Einflüsse der jeweiligen Fremdherrschaften widerspiegelt. Um das heutige Bildungssystem zu verstehen, muß man zuerst auf die Entwicklung des Bildungswesens unter osmanischer, britischer und jordanischer Herrschaft eingehen.

Die Zeit des Osmanischen Reiches (1517–1917)

Fast vierhundert Jahre dauerte die osmanische Herrschaft in dieser Region. Wie Abdul-Latif Al Barghouti schreibt[1], stand im Vordergrund der Politik die *Osmanisierung* der einheimischen Bevölkerung. Diese führte dazu, daß in dieser Zeit vieles, vor allem im Bereich Erziehung und Kultur, vernachlässigt wurde. Die Folgen dieser Politik sind an der hohen Analphabetenrate der Bevölkerung abzulesen.[2] Im Bereich der Ausbildung wurden von den Osmanen nur begrenzte Möglichkeiten gewährleistet. Diese beschränkten sich, wie Sarah Graham-Brown in ihrem Buch »Die Palästinenser« zeigt, »auf die Ausbildung von administrati-

216

vem und militärischem Personal oder diente ausschließlich religiöser Unterweisung«.[3] Als Antwort auf die unzureichenden Bildungsmöglichkeiten unter den Osmanen übernahmen zunehmend muslimische und christliche Institutionen die Aufgabe, Schulen einzurichten. Die fachlichen Schwerpunkte dieser Schulen lagen im Bereich der arabischen Sprache und Literatur. Während die christlichen Schulen stärker unter europäischem Einfluß gegründet wurden, d.h. vor allem von den verschiedenen Missionsgesellschaften, die seit Mitte des 19. Jahrhunderts verstärktes Interesse am *Heiligen Land* hatten[4], waren die muslimischen Schulen, genannt *Kuttab*, meistens an die Moscheen angegliedert.

Im Jahre 1914 existierten neben 379 *Kuttab*-Schulen in dem damaligen Land Palästina 95 öffentliche Schulen mit fast 9000 Schülern. Doch nur 131 Mädchen besuchten die Schulen.[5]

In der Zeit zwischen 1869 und 1882 waren etwa zehn Mädchenschulen in Palästina gegründet worden. Diese Schulen wurden hauptsächlich von christlichen Organisationen errichtet, die aufgrund ihrer westlichen Tradition eine Mädchenbildung unterstützen. Die Mehrheit der muslimischen Schulen stand bis dahin nur Jungen offen.

Obwohl die privat errichteten Schulen das Angebot in dem Zeitraum zwischen 1882 und 1914 enorm vergrößert hatten, blieb Bildung dennoch ein Privileg der männlichen Kinder und der wohlhabenden Familien Palästinas. Die erste Mädchenschule in Palästina wurde zwar schon im Jahr 1837 gegründet, doch sie bestand nur kurze Zeit.[6]

Infolge des Ersten Weltkrieges und im Zusammenhang mit dem Aufstand der arabischen Bevölkerung unter Führung des Scherifen von Mekka wurde im Jahre 1917 die osmanische Herrschaft in der Region beendet. Kurz zuvor, am 16.5.1916, hatten die drei damaligen Großmächte

(England, Frankreich und Rußland) das Sykes-Picot-Abkommen getroffen, das die Aufteilung des Osmanischen Reiches unter diesen Mächten vorsah. Nach dieser Aufteilung gehörte das Land Palästina als Gebiet östlich und westlich des Jordans zur britischen Einflußsphäre. Das Gebiet nördlich davon (das heutige Syrien und der Libanon) beanspruchte Frankreich. So ging zwar mit dem Ersten Weltkrieg die osmanische Herrschaft im Land Palästina zu Ende, gleichzeitig begannen jedoch mit den Mandaten des Völkerbundes neue, europäische Fremdherrschaften.

Die britische Mandatszeit (1917–1948)

Das Jahr 1917 hat in der Geschichte Palästinas eine entscheidende Rolle gespielt. Nach der Übernahme des Mandats durch die Briten unterschrieb am 2.11.1917 der britische Außenminister *Lord Balfour* auch die *Balfour-Deklaration*. Darin erklärte Großbritannien seine Zustimmung zu der Errichtung einer *Nationalen Heimstätte* für die Juden im Land Palästina. Im Geiste dieser Deklaration unterstützte die britische Mandatsregierung zwei unterschiedliche Bildungssysteme im Land Palästina, ein jüdisches und ein arabisches: Während das jüdische Bildungssystem von jüdischen Organisationen (z.B. Vaad Leumi, Jewish Agency) verwaltet und finanziert wurde, unterstand das arabische System direkt der Mandatsregierung.[7] Beide Systeme waren weder qualitativ noch quantitativ miteinander vergleichbar.

Ein Blick auf die Einschulungsquoten zeigt dies. 1944 besuchten 97 Prozent der jüdischen Kinder eine Schule, aber nur 32,5 Prozent der arabischen nicht-jüdischen Kinder.[8] Dies läßt sich durch die niedrige Anzahl von staatlichen Schulen im arabischen Sektor erklären. In diesem

Zusammenhang erklärte die *Palestine Royal Commission*[9], daß das staatliche Angebot an Schulen nur etwa 50 Prozent der arabischen Nachfrage an Bildung deckt. Die Quantität des Bildungsangebotes im arabischen Sektor verbesserte sich in den 40er Jahren. So schreibt Abdul-Latif Tibawi in seinem Buch »Arab Education in Mandatory Palestine«, daß im Jahr 1946 insgesamt 795 Schulen im Land Palästina existierten. Davon waren 478 öffentliche Schulen, 135 private muslimische und 182 private christliche Schulen. Interessant ist die Tatsache, daß 400 der damaligen öffentlichen Schulen erst ein Jahr davor (1944/1945) vor allem in ländlichen Regionen gegründet worden waren.[10]

Mädchen waren aber nur an 46 der 795 Schulen zugelassen, dennoch betrug ihr Anteil zirka 21 Prozent aller SchülerInnen.

Am Ende der britischen Mandatsherrschaft hatten sich einige Veränderungen im Bereich Bildung vollzogen. Die wichtigsten darunter waren, daß etwa 30 Prozent der arabischen Bevölkerung des Landes Palästina lesen und schreiben konnten. Der Anteil der SchülerInnen an der Bevölkerungszahl war nach dem Libanon der zweithöchste von allen arabischen Ländern.[11]

Die Zeit zwischen 1949–1967

Die Lage der Palästinenser veränderte sich in dieser Zeit dramatisch. Die hohe Anzahl von Flüchtlingen machte sich sowohl in den arabischen Ländern wie auch in der West-Bank und im Gaza-Streifen bemerkbar. Im Jahr 1950 wurde die UNRWA ins Leben gerufen. Ihre Rolle wurde erst Mitte der fünfziger Jahre festgelegt.[12] Im Zuge der politischen Veränderungen im Leben der Palästinenser wurde auch die Frage nach Bildung kompliziert. Die Betreuung der Flüchtlinge auch in Sachen Bildung lag im Zuständigkeitsbereich der UNRWA. Die Bildungsmöglichkeiten für die in andere arabische Länder geflohenen Palästinenser war jetzt von dem Willen und den Möglichkeiten der jeweiligen Gastländer abhängig. Gleichzeitig waren die Bildungsmöglichkeiten für diejenigen Palästinenser, die in ihren Heimatorten geblieben waren und somit jetzt im Staat Israel lebten, von dem guten Willen des israelischen Staates abhängig.

Die palästinensische Bevölkerung der West-Bank und Ost-Jerusalems war ab 1947 an das jordanische Bildungssystem angeschlossen, während die Bevölkerung im Gaza-Streifen an das ägyptische angegliedert war. Diese Zeit hat sich in dem heutigen Bildungssystem insofern niedergeschlagen, als im Gaza-Streifen das ägyptische, in der West-Bank und zum Teil auch in Ost-Jerusalem das jordanische Curriculum immer noch gültig sind.

Es lassen sich fast keine Angaben über die Bildungssituation in diesem Zeitraum in der West-Bank und im Gaza-Streifen finden. Zum einen ist es schwierig, Angaben über die palästinensische Bevölkerung zu bekommen, da sowohl Jordanien als auch Ägypten diese Angaben nicht eindeutig von ihren eigenen Zahlen getrennt haben; zum anderen gibt es keine Untersuchungen, weil die meisten palästinensischen Pädagogen, die sich mit dem Thema Bildung in diesem Zeitraum befaßt haben, die Situation der palästinensischen Bevölkerung in dem neugegründeten Staat Israel verfolgten und weniger die Situation der Bevölkerung, die in der West-Bank und im Gaza-Streifen lebte. Folgendes kann nur zum Thema Bildung in dieser Zeit dennoch gesagt werden:

– Der Einfluß der Briten auf das Bildungssystem endete nicht mit der Mandatszeit. Da sowohl Ägypten als auch Jordanien zum britischen Mandatsgebiet gehörten, waren die Bildungssysteme der beiden Länder entsprechend vom britischen beeinflußt.[13]

— Der Mädchenanteil ist in diesem Zeitraum, insbesondere in Schulen des Gaza-Streifens, beachtlich gestiegen. So zeigt eine Statistik der UNRWA, daß von den insgesamt 7568 SchülerInnen der *Secondary*-Stufen im Gaza-Streifen im Schuljahr 1966/67 fast die Hälfte Mädchen waren.[14] Dies könnte darauf zurückgeführt werden, daß die meisten Schulen im Gaza-Streifen in Trägerschaft der UNRWA waren, und somit die gesamten Kosten für die Schulbildung von der UNRWA getragen wurden. Daher konnten sich auch Flüchtlingsfamilien die Bildung ihrer Töchter leisten. Eine andere Motivation für die Frauen war der soziale Aufstieg durch Bildung. Diese Frauen hatten dann die Möglichkeit, den Gaza-Streifen zu verlassen. So erreichten sie durch Bildung eine Veränderung ihrer traditionellen Rolle, die durch den muslimischen Kontext und die hohe Anzahl an Flüchtlingen geprägt war. Diese Entwicklung ist in der Gegenwart, beeinflußt durch die Verschlechterung der politischen, sozialen und wirtschaftlichen Lage im Gaza-Streifen, in die entgegengesetzte Richtung umgeschlagen.

Die Zeit zwischen 1967–1987

Der Sechs-Tage-Krieg ist der entscheidende Ausgangspunkt dieser Phase. Im Juni 1967 kam es erneut zu einem Krieg zwischen Israel und den arabischen Nachbarn. Der Krieg führte dazu, daß die West-Bank inklusive Ost-Jerusalem, der Gaza-Streifen, der Sinai und die Golan-Höhen unter israelische Besatzung kamen. So begann erneut eine Fremdherrschaft über die palästinensischen Gebiete, diesmal allerdings eine Militärverwaltung. Während die West-

Bank und der Gaza-Streifen als »Besetzte« bzw. »Verwaltete Gebiete« bezeichnet wurden, annektierte Israel kurz nach dem Krieg den Ostteil Jerusalems. Infolge des Krieges und auch der militärischen Besatzung flohen erneut palästinensische Menschen in die umliegenden arabischen Länder. Die israelische Besatzung hat das Leben in den palästinensischen Gebieten entscheidend verändert. Insgesamt gibt es über 2000 Militärerlasse, die das Leben der Palästinenser in den Besetzten Gebieten regeln. In der Zeit zwischen 1967 und 1982 war alles in den Besetzten Gebieten von der Militärregierung bestimmt, so auch das Bildungswesen. Das jordanische bzw. ägyptische Curriculum in der West-Bank und im Gaza-Streifen wurde mit Ausnahme einer kurzen Unterbrechung fortgeführt, allerdings unter israelischer Kontrolle und Zensur. Die Lage änderte sich bürokratisch etwas, als Israel im Jahre 1982 die sogenannte *Civil Administration* einsetzte.

1982 wurde die Militärverwaltung der Armee in zwei Bereiche unterteilt. Die *Civil Administration* war mit den zivilen Bereichen für die palästinensische Bevölkerung beauftragt. Der Armee wurden die Sicherheitsfragen übertragen. An der Spitze der *Civil Administration* blieben aber die Militäroffiziere.[15]

Zuvor hatten die Militärbehörden am 6.7.1980 den Erlaß Nr. 854 herausgegeben, in dem das bis dahin geltende Bildungsgesetz des jordanischen Erziehungsministeriums Nr. 16 aus dem Jahr 1964 verändert wurde.[16] Mit diesem Erlaß, der heute noch Gültigkeit hat, brachte die israelische Militärverwaltung einseitig alle Bildungsinstitutionen unter ihre Oberaufsicht inklusive der Universitäten, obwohl diese in dem jordanischen Gesetz von 1964 nicht beinhaltet waren. Nach demselben Erlaß müssen die LehrerInnen an den Schulen der Besetzten Gebiete die Zustimmung der Militärbehörden haben, bevor sie ihren

Beruf ausüben können. Das betrifft besonders diejenigen LehrerInnen, die gegen die »Sicherheitsbestimmungen« verstoßen haben oder in Administrativhaft[17] saßen. Schulpersonal, das nicht in dem gleichen Vewaltungsdistrikt wohnt, in dem sich die jeweilige Institution befindet, benötigt eine spezielle Genehmigung des Militärgouverneurs.[18]

Die Auswirkungen der Intifada auf das Schulsystem

Die Intifada brachte viele Veränderungen und Herausforderungen im Bildungsbereich mit sich. Die israelischen Maßnahmen zu Beginn der Intifada schadeten dem Bildungsbereich stark. Durch die Politik der Kollektivstrafen, die die Militärverwaltung angewendet hat, verschlechterte sich das Angebot im Bildungsbereich sowohl qualitativ als auch quantitativ.

Eine der ersten israelischen Antworten auf die Intifada war die Schließung der Universitäten und der Schulen einschließlich der Kindergärten in den Besetzten Gebieten kurz nach Beginn der Intifada. Solche Maßnahmen waren nicht neu; im Laufe der Besatzungszeit hatte die *Civil Administration* immer wieder einzelne Schulen geschlossen. Zu Beginn der Intifada wurde diese Maßnahme generalisiert und auf die ganze West-Bank bzw. den ganzen Gaza-Streifen angewandt. Am 2.2.1988 wurden 1194 Kindergärten, Schulen und Universitäten in den Besetzten Gebieten für unbestimmte Zeit geschlossen. Sie öffneten im Herbst/Winter 1988 wieder, doch die Situation blieb instabil. Ausgangssperren, Abriegelungen und Zwischenfälle mit der Armee führten immer wieder zum Ausfall des Schulunterrichts. Nach einer Untersuchung des Educational Network im Jahre 1991 waren die Schulen in der West-Bank allein zwischen September 1990 und März 1991 an 48,2 Prozent der Schultage geschlossen, während der Prozentsatz der verlorenen Schultage im Gaza-Streifen bei 51,3 Prozent lag.

Die von der Vereinigten Nationalen Führung erklärten Generalstreiks hatten ebenso Auswirkungen auf das Bildungswesen. Zu Beginn der Intifada war die Anzahl solcher Streiktage sehr hoch. Später wurden diese reduziert und unterschiedliche politische Parteien forderten die SchülerInnen dazu auf, die Schule auch an Streiktagen zu besuchen. Solche Erklärungen waren insofern wichtig, als sie die Jugendlichen wieder auf die Bedeutung der Bildung für die Palästinenser hingewiesen haben und eine Verbindung zwischen der Abschüttelung der Fremdherrschaft und der Bildung herstellten. Solche Aufklärung zeigte den Jugendlichen, daß Bildung als ein Weg zur Veränderung der herrschenden Situation und zum Aufbau der eigenen Identität sehr wichtig ist.

Die Auswirkungen der Intifada im Bildungsbereich könnten als Versuch einer Kontextualisierung des Bildungswesens verstanden werden. Während das politische Ziel der Intifada die Errichtung eines palästinensischen Staates ist, ergibt sich mit dem Aufbau eines eigenständigen palästinensischen Bildungswesens ein eigenes Ziel für den Bildungsbereich. Die Abschüttelung der Fremdherrschaft gilt nicht nur der israelischen Besatzung, sondern auch der Fremdbestimmung des Bildungswesens, sei es durch Jordanien, Ägypten oder eben Israel. Die Intifada zeigte, wie notwendig es ist, nach lokalen einheimischen Konzepten für das Bildungswesen zu suchen. Durch sie ist einigen Pädagogen klar geworden, daß man nicht länger die Curricula anderer Länder importieren kann. Sie entwickelten viele neue Ideen zur Gestaltung des Unterrichtes und zeigten Methoden der Bildung, die sich von denen der traditionellen Schule deutlich unterschieden. Durch neue

Erfahrungen lernten SchülerInnen und LehrerInnen, daß man auch im Freien unterrichten kann; daß man anstelle des in Bücher niedergeschriebenen Stoffes die umliegende Realität als Lernstoff nehmen kann. Die neue Erfahrung machte gleichzeitig klar, daß in einer solchen »Schule« eine Interaktion zwischen LehrerInnen und SchülerInnen stattfindet. Sie zeigte, daß Lernen keine Einbahnstraße ist.

Doch bei all diesen Veränderungen darf nicht vergessen werden, daß die Qualität der Bildung in den Besetzten Gebieten stark zurückgegangen ist. Dies hatte Auswirkungen auf die universitäre Bildung, weil sich die Möglichkeiten eines Studiums im Ausland dadurch verschlechtert haben. In diesem Zusammenhang darf nicht unterschätzt werden, daß ein Teil der SchülerInnen, die von der Schulschließung aus unterschiedlichen Gründen betroffen waren, einen gewissen funktionalen Analphabetismus haben, da immer wieder neue Klassen zusammengestellt wurden, obwohl sie den vorgeschriebenen Stoff teilweise nicht einmal bis zur Hälfte hatten bearbeiten können.

Die Friedensverhandlungen und ihre Auswirkungen auf das Bildungswesen

Seit Beginn der Friedensverhandlungen und nicht zuletzt seit der Unterzeichnung der *Declaration of Principles* bemüht sich die PLO verstärkt um die Fragen des Bildungswesens in den Besetzten Gebieten. Seit Beginn der Autonomie ist dies in den Zuständigkeitsbereich der Erziehungs- und Bildungsabteilung der palästinensischen Übergangsregierung gerückt. Eine Aufgabe dieser Abteilung liegt darin, sich mit der Frage zu beschäftigen, wie die Bildungssituation in der Übergangsphase am besten weitergeführt werden kann, und welche Schritte für die Entwicklung eines eigenständigen palästinensischen Bildungssytems notwendig sind. Die erste Phase der Arbeit bestand darin das Bildungswesen aus dem Zuständigkeitsbereich der *Civil Administration* zu übernehmen.

Die Autonomie-Regierung muß versuchen, die Auswirkung der 28 Jahre israelischer Besatzung auf das Bildungssystem Stück für Stück aufzuarbeiten. Dies beinhaltet, den Standard der Schulgebäude zu verbessern, Fortbildungsseminare für die LehrerInnen anzubieten, pädagogische Arbeit mit Jugendlichen vor dem Hintergrund ihrer Erfahrungen unter Besatzung zu unterstützen und Behinderte in das Bildungssystem zu integrieren. Begleitend zu dieser Arbeit hat das Erziehungsministerium in der Autonomie-Regierung die Frage nach der Notwendigkeit eines eigenständigen palästinensischen Bildungswesens zu klären: eines, das sich nach dem sich verändernden Kontext in Palästina richtet. Der Schwerpunkt der Arbeit im Kontext der Besatzung lag darin, auf aktuelle Geschehnisse zu reagieren und nach Lösungen für vorhandene Probleme zu suchen. Jetzt ist es notwendig, die Kräfte für die Entwicklung eines zukünftigen Arbeitskonzeptes zu investieren.

Anmerkungen

[1] Dr. Al Barghouti ist Dozent für arabische Literatur an der Birzeit Universität.

[2] Al Barghouti, Abdul Latif: »Erziehung während der britischen Mandatszeit in Palästina«: Altaiba 1991, S. 222.

[3] Graham-Brown, S.: »Die Palästinenser: Bildung, Repression, Befreiung«: wus, Darmstadt 1987, S. 20.

[4] Vgl. dazu den Artikel von H.J.Abromeit, S. 193.

[5] Al Barghouti, Abdul Latif: Altaiba 1991, S. 222.

[6] Educational Network: Newsletter Nr. 12 + 13. Ramallah 1993, S. 1.

[7] Graham-Brown, S.: Darmstadt 1987, S. 23.

[8] Survey of Palestine Vol. II: Jerusalem 1946, S. 638, zitiert nach Graham-Brown, S.: Darmstadt 1987, S. 24

[9] Diese Kommission wurde im Jahre 1937 eingesetzt, um die Gründe des sechsmonatigen Generalstreiks und der Unruhen im Jahre 1936 festzustellen.

[10] Abdul-Latif Tibawi: »Arab Education in Mandatory Palestine«: WUS, London 1956, S. 224.

[11] Badran, N.A.: »The Means of Survival.« In: »Journal of Palestine Studies« 9:4, Summer 1980, S. 45 f.

[12] Graham-Brown, S.: Darmstadt 1987, S. 36.

[13] Mahshi, Khalil; Bush, Kim: »The Palestinian Uprising and Education for the Future« In: »Harvard Educational Review« (HER) 59:4, Nov. 1989, S. 472.

[14] UNRWA-Daten zit. nach: Abu-Loghod, Ibrahim: »Education of a Community in Exile: The Palestinian Experience« In: »Journal of Palestine Studies« 2:3, 1973, S. 107.

[15] Vgl. Mahshi; Bush: HER 1989, S. 472.

[16] Shehadeh, Raja: »Occupier's Law: Israel and the West Bank«: Washington, D.C. 1988, S. 171.

[17] Die Administrativhaft stammt aus der britischen Mandatszeit. Demnach kann das Militär Personen für mindestens sechs Monate im Gefängnis ohne Gerichtsbeschluß und Anklage festhalten. Die Civil Administration hat die sechs Monate mittlerweile auf zwölf Monate erweitert.

[18] Militärerlaß Nr. 34 (1967), Erweiterung vom 6.7.1980 zu Artikel 2 nach Paragraph (a).

MAGED NASSAR

Die Klinik des griechisch-katholischen Konvents in Beit Sahour

Die Kirchen in Palästina engagierten sich in hohem Maß im Sozial-wesen und im Gesundheitsbereich. Sie taten dies aus dem Glauben her-aus, daß Jesus Christus sich vor allem um die Vernachlässigten und Unterprivilegierten und die am Rande der Gesellschaft Lebenden gekümmert hatte. Die diakonische Arbeit spielte eine große Rolle und hatte wichtige Aufgaben, als es in Palästina noch kaum soziale Ein-richtungen gab. Neben Internaten, Altersheimen und Behindertenein-richtungen gab es ein starkes Engagement im Gesundheitsbereich. Christliche Krankenhäuser werden in Palästina für die Gesundheits-versorgung dringend benötigt. Sieben Krankenhäuser werden von christlichen Trägern geführt. Eines davon soll hier vorgestellt werden.

Die griechisch-katholische Konvent-Klinik bzw. das Beit Sahour Medical Center wurde in Beit Sahour, einem palä-stinensischen Vorort im Bezirk Bethlehem, im September 1988 gegründet. Es leistet medizinische Dienste für die Bewohner der Stadt und der umliegenden Dörfer, in denen mehr als 130 000 Einwohner leben.

Während der israelischen Militärbesatzung der letzten 27 Jahre hat sich die medizinische Versorgung der Bevölke-rung verschlechtert. Ganz besonders seit Beginn der Intifa-da 1987 wurde die Unzulänglichkeit der medizinischen Versorgung deutlich, als das vorhandene medizinische Ver-sorgungssystem zusammenzubrechen drohte. Wo man schon kaum in der Lage war, den normalen medizinischen

Bedarf zu decken, fehlte es erst recht an Hilfsquellen und Material, so viele Verletzungen zu behandeln.

Aus dieser Notwendigkeit heraus hat sich eine Volks-initiative aus Medizinern, Krankenschwestern und weite-ren paramedizinischen Berufen gebildet und mit der Lizenz des Griechisch-Katholischen Konvents ein ambu-lantes medizinisches und diagnostisches Zentrum gegrün-det.

Die Ziele des Zentrums waren:

1. Sofortige Hilfeleistung in Notfällen
2. Ausbau der Klinik zu einem kompletten Diagnostik-Zentrum
3. Bezahlbare Behandlungskosten für alle
4. Aktive Teilnahme am Aufbau der Infrastruktur des zukünftigen Staates

Die Klinik ist täglich außer sonntags von 8.00 Uhr bis 18.00 Uhr geöffnet. Ferner wurde ein Notdienst von täglich 18.00 Uhr bis 22.00 Uhr und sonntags von 9.00 Uhr bis 13.00 Uhr eingerichtet.

Die Klinik begann die Arbeit mit beschränktem Material und wenigen Mitteln, aber mit sehr viel Opferbereitschaft. Die Klinik war anfänglich auf lokale Spenden und auf frei-willige Mitarbeit angewiesen. Viele palästinensische Ärzte stellten ihre Instrumente und Apparate in den Dienst der Klinik. Durch hartnäckige Arbeit und Ausdauer wurde die Klinik zu einer beispielhaften palästinensischen Erfolgsge-schichte.

Das Team der Klinik ist von anfangs sechs Leuten auf 47 Angestellte gewachsen. Darunter befinden sich fünf Allge-meinärzte und 19 Fachärzte, die unter anderem, auch in Teilzeitarbeit, die folgenden Bereiche der Medizin ab-decken:

Innere Medizin, Kardiologie, Pulmonologie, Kinder-heilkunde, Gynäkologie, Chirurgie, Neurologie, Urologie,

Orthopädie, Diabetes, die Behandlung von Haut- und Augenkrankheiten, Physiotherapie und Radiologie.

Folgende diagnostische Maßnahmen können in der Klinik durchgeführt werden:

EKG, Belastungs-EKG, Echokardiographie, Holter-Monitor (Langzeit-EKG), Lungenfunktionstest, Ultraschall, Gastroskopie, Kolonoskopie, Rektoskopie und Bronchoskopie. Ferner alle Röntgenuntersuchungen an Magen und Darm und weitere Untersuchungen.

Das Labor ist modern ausgestattet und führt über 90 Prozent aller Routineuntersuchungen durch. Das Labor ist an das »External Quality Control Program« in London angeschlossen.

Folgende Tabelle zeigt den Umfang der Laborarbeit:
(Gesamtanzahl der Laborarbeiten pro Jahr)

Jahr	1989	1990	1991	1992	1993	1994
Gesamt-anzahl	8804	11280	17145	17427	18714	23201

Die hauseigene Apotheke kauft die Medikamente von den hiesigen palästinensischen Pharmaindustrien ein und verkauft sie zum Einkaufspreis.

Mehr als 138000 Patienten besuchten die Klinik seit der Eröffnung. In den letzten Monaten lag die Durchschnittszahl bei 2900 Patienten im Monat.

Jahr	1989	1990	1991	1992	1993	1994	1995
Pat.-zahl	14784	16638	26400	23640	24570	24760	27000

Folgende Tabelle zeigt die Zahl der Patienten in den letzten sechs Jahren und ihre Verteilung zwischen den einzelnen Fachrichtungen:

Allgemeine Medizin	33 560
Innere Medizin	18 670
Kinder	17 468
Frauen	7 714
Diabetes	2 104
Chirurgie	3 470
HNO	5 829
Augen	11 245
Haut	10 993
Physiotherapie	1 983
Orthopädie	4 117
Neurologie	1 722
Urologie	868

Die Klinik hat einen sehr guten Ruf erlangt. Die Ergebnisse der medizinischen Untersuchungen sind zutreffend und zuverlässig, wie die meisten Kollegen und die Ärzte in den Krankenhäusern bestätigen. Mit vielen nationalen und internationalen Organisationen pflegt die Klinik sehr gute Kontakte.

Außer dem täglichen Programm hat die Klinik ihr »Primary Health Care Program« und ihr »Outreach Program« in den letzten Jahren ausdehnen können. Damit ist die Gesundsheitsbildung außerhalb der Klinik gemeint. Zu diesen Programmen gehört:

1. Well Baby Clinic (Säuglingsfürsorge)
2. Pränatal-/Postnatal-Untersuchungen
3. Outreach Program für sechs Kindergärten in der Umgebung von Beit Sahour und Bethlehem. Über 280 Kinder werden routinemäßig untersucht.
4. Gesundheitserziehungsprogramm für Schulen: Regelmäßig werden Vorträge in verschiedenen Schulen gehalten.
5. Verschiedene Vorträge werden periodisch über wichtige

Krankheiten, z.B. Meningitis, Hepatitis und andere endemische Krankheiten, gehalten.

6. Familienkrankenversicherung für 91 Familien (über 560 Personen)

Zahlreiche Kooperationsverträge wurden mit verschiedenen Institutionen abgeschlossen. Kooperiert wird mit der Bethlehem Universität, der Bir Zeit Universität, der Arbeiter-Union Beit Sahour, dem YMCA-Center für die Rehabilitation von Intifada-Opfern, der Bethlehem Arab Society for the Physically Handicapped, dem SOS-Kinderdorf in Bethlehem und anderen. Die meisten Schulen und Werkstätten im Ort verlassen sich im Notfall auf die Klinik.

Kürzlich hat die Klinik eine Lizenz für ambulante Chirurgie »Day Care Surgery« erhalten. Die Erweiterungspläne für die neue Abteilung werden zur Zeit bearbeitet. Dieser Schritt wird sowohl der Arbeit eindeutig eine neue Dimension geben, als auch unserer Bevölkerung einen weiteren großen Dienst erweisen. Mit der Abriegelung Jerusalems für die Palästinenser stehen nur ganz wenige Möglichkeiten der medizinischen Versorgung zur Verfügung, da die meisten medizinischen Institutionen ihren Sitz in Jerusalem haben. Die Erlaubnis, nach Jerusalem zu gehen, wird auch nicht für medizinische Behandlungen gegeben. Ferner ist die ambulante Chirurgie für sehr viele Eingriffe kostensparender.

Die Klinik deckt ihre Ausgaben sowohl aus dem eigenen Einkommen als auch durch Spenden. Die Gebühren sind minimal und entsprechen dem sozio-ökonomischen Standard. 20 Prozent der Patienten sind Sozialfälle und werden entweder ganz oder teilweise von den Behandlungsgebühren befreit.

Dennoch ist die Klinik in der Lage, 70 bis 75 Prozent ihrer laufenden Kosten selbst zu decken. Diese Tatsache zeigt, daß die Klinik auch auf finanziellem Gebiet erfolgreich arbeitet. Die Klinik versucht ständig, das verbleibende Defizit durch Spenden von mehreren nationalen und internationalen Institutionen und Organisationen zu decken.

Budget von 1989 bis 1994 (in NIS)

Jahr	Einnahmen	Ausgaben	Prozent
1989	98 235	168 487	58
1990	154 598	262 121	60
1991	231 825	382 259	60
1992	286 288	377 595	75
1993	264 662	350 000	75
1994	322 577	403 943	80

In Deutschland hat sich ein Förderverein des Beit Sahour Medical Centers vor drei Jahren gegründet. Der Verein war in der Lage, die Klinik mit mehreren tausend Mark über die Jahre zu unterstützen. Der Sitz des Vereins ist in Marklohe bei Hannover.

»Das Krankenhaus ist Symbol der Identität«

Interview mit einem Mediziner in Palästina

F: Herr Lada'a, können Sie uns etwas über Ihren Werdegang sagen?
A: Geboren bin ich 1942 in Jaffa, Palästina, als Sohn des Khalil Lada'a aus Jaffa und meiner Mutter Linda Sayegh, aus Gaza stammend.

Als ich vier Jahre alt war, mußten wir am Ostersamstag infolge der Gründung des israelischen Staates flüchten. Wir fanden bei meinem Onkel in der Stadt Ramallah bei Jerusalem Zuflucht. Dort verbrachte ich die folgenden 16 Jahre meiner Kindheit und Schulzeit.

Mein Vater, ein »Schnellersohn«, d.h. ein Zögling des syrischen Waisenhauses in Jerusalem, weckte in mir den Wunsch, in Deutschland zu studieren. Nach einem Jahr Theologiestudium an der Augustana-Hochschule in Neu-endettelsau wechselte ich aus verschiedenen Gründen zum Medizinstudium nach Würzburg über, wo ich auch meine deutsche Ehefrau Christa K. kennenlernte.

Anfang der 70er Jahre beendete ich in Erlangen meine Facharztausbildung an der Universitätsklinik in HNO, Kopf- und Halschirurgie. Danach bemühte ich mich, als der einzige Sohn meiner Eltern, bei den israelischen Militärbehörden um die Rückkehr in meine Heimat. Mein Antrag wurde zweimal abgelehnt.

Mit viel Mühe und mit Hilfe kirchlicher und internationaler Organisationen versuchten wir, bei den israelischen Behörden zu erwirken, daß ich in meine Heimat zurückkehren konnte. Ich hatte dabei Hilfe, denn ich war Stipendiat von »Brot für die Welt«. Nach israelischem Standpunkt hatte ich nach der Eroberung der West-Bank 1967 durch die Israelis jedes Recht, nach Hause zu kommen, verloren, da ich zu diesem Zeitpunkt Student der Medizin in Würzburg war, und als »Abwesender« kein Recht auf Rückkehr hatte.

Erst beim dritten Versuch der Familienzusammenführung konnte ich das Versprechen der israelischen Behörden gewinnen, den Ausweis der West-Bank zu erhalten, sollte ich mich nach einem Jahr Aufenthalt in meiner Heimat gut führen. Im Mai 1979 übersiedelten wir mit vier Kindern nach Ramallah bei Jerusalem. Das Versprechen der israelischen Behörden wurde nicht gehalten. Die Genehmigung, in meiner Heimat bleiben zu dürfen, wurde auf vier Jahre verlängert, wobei ich zu Anfang jeden Jahres eine neue Aufenthalts- und Arbeitsgenehmigung beantragen mußte.

F: Wo liegen im Moment die größten Probleme des palästinensischen Sozialwesens? Was sind Ihrer Meinung nach die Prioritäten für die nächsten fünf Jahre?
A: Mir fielen von Anfang an die Lücken und die Schwächen des medizinischen Versorgungssystems unter der israelischen Besatzung auf.

Es fehlte an Grundmedizin, an präventiver und kurativer Medizin. Die Strukturen des Gesundheitssystems waren aus jordanischer Zeit übernommen und wurden ohne wesentliche Verbesserungen weitergeführt. Somit werden palästinensische Ärzte, Fachärzte und Allgemeinärzte, vor allem die, die in Europa studiert haben, mit dieser strukturlosen und ungenügenden medizinischen Versorgung konfrontiert.

Es gab Dörfer im Jordantal und in der Gegend um Hebron, deren Bevölkerung jegliche medizinische Versorgung entbehrte. Palästinensische Gruppen begannen sich zu formieren, um dieses Problem zu diskutieren, zu analysieren und um das »Primary Health Care Systems« zu entwickeln und zu stabilisieren.

Ich war einer von denen, die bald erkannten, daß die schulmedizinische Ausbildung, die wir an westlichen, deutschen Universitäten erhielten, nicht ausreichte.

Gesundheit und Aufklärungsarbeit sind die Prioritäten, um die Probleme unserer Gesellschaft in Palästina im Gesundheitsbereich zu bewältigen.

F: Sie sind von der palästinensischen Autorität zum Berater ernannt worden. Worin besteht Ihre neue Aufgabe?
A: Meine mehrjährige Erfahrung in der palästinensischen Gesellschaft, meine medizinischen Kenntnisse sowie meine fünfjährige Erfahrung als medizinischer Direktor des größten christlichen nicht-staatlichen (NGO-)Krankenhauses haben mir die ehrenvolle Position als Berater für unseren ersten Gesundheitsminister in unserer Geschichte für NGO-Gesundheitsinstitute eingebracht, wodurch mein Arbeitsbereich, meinem Volke zu dienen, erweitert wurde.

In dieser Übergangsphase, einer sehr empfindlichen Zeit unserer Geschichte, müssen wir alle Kräfte koordinieren, um die richtige Person in die richtige Position auf demokratische und menschliche Weise einzusetzen.

Der Aufbau einer Gesellschaft nach mehreren Jahrzehnten der Zerstörung und Beraubung der Menschenrechte, der politischen und nationalen Rechte, ist sicher eine sehr schwierige und langwierige Aufgabe.

Wir müssen wie ein Gesundheitsministerium fungieren, um die Bevölkerung vor Krankheit zu schützen und über ihre Gesundheit aufzuklären.

Nach 15 Jahren Arbeit sehe ich, daß wir auf dem Gebiet der »Primary Health Care« einen großen Schritt vorwärts getan haben, während auf dem Gebiet der sekundären und tertiären medizinischen Versorgung die Lage in den Krankenhäusern noch nicht besser geworden ist. Noch immer stehen nur 1,4 Betten für 1000 Einwohner zur Verfügung. Die bestehenden 21 Krankenhäuser, neun von ihnen sind staatliche Krankenhäuser, sind gegenüber der Flut von Patienten machtlos. Die Finanzierungsprobleme sowie der Separatismus innerhalb der NGO-Krankenhäuser machen die Versorgung schwierig, kompliziert und unzureichend.

Um dies zu ändern, muß man Einfluß im administrativen Bereich gewinnen. Dies war nötig, um die Krankenhäuser nach den Nöten und Bedürfnissen der Gesellschaft zu gestalten und zu entwickeln.

F: Sie sind Arzt und medizinischer Direktor einer der größten palästinensischen Institutionen. Welche Stellung hat dieses Krankenhaus in der palästinensischen Gesellschaft? Wie sehen Sie die Rolle dieses Krankenhauses in der jetzigen Entwicklung Palästinas?

A: Im Leben unter der Besatzung muß ein Krankenhaus leicht zugänglich sein und durchsichtig funktionieren, gerade wenn der Besatzer, wie überall, alles daran setzt, die Gesellschaftsstruktur zu zerstören und zu zersplittern. Im Krankenhaus schmelzen all die ideologischen und religiösen Differenzen, um das Ziel zu erreichen, den Patienten zu dienen. Somit ist das Krankenhaus nicht nur ein Ort der Behandlung, sondern auch ein Symbol der Identität, der Hingabe und Zusammenarbeit der verschiedenen Gruppierungen, besonders wenn man, wie gesagt, unter Besatzung lebt.

F: Sie sind Christ und Mitglied der Synode der evangelisch-lutherischen Kirche. Hat Ihr Christ-Sein eine Bedeutung für Ihr Engagement?

A: Eben hier sehe ich meine Rolle als Christ, Araber, Palästinenser und Lutheraner. Das Zitat: »Ihr seid das Salz der

Erde« wird hier im täglichen Leben praktiziert, wobei zu erwähnen ist, daß über 90 Prozent der Bevölkerung nicht unseren Glauben teilen. Hier wird die Ökumene praktiziert, hier können die Menschen nicht nur Medizin lernen.

Als Synodenmitglied sehe ich unsere kleine lutherische Kirche als eine unter anderen auf dem richtigen Weg; als eine Kirche, die mithilft, diese Gesellschaft positiv aufzubauen. Wir betreuen fünf Schulen mit über 2600 SchülerInnen, von denen die Mehrheit nicht christlichen Glaubens ist.

Hier sehe ich die Möglichkeit gegeben, effektiv für den Aufbau einer sozial gerechten, demokratischen, die Menschenrechte respektierenden Gesellschaft beizutragen.

F: Sie sind mit einer deutschen Frau verheiratet, Sie sind Gründungsmitglied der Deutsch-Palästinensischen Gesellschaft und daher ein guter Kenner der palästinensisch-deutschen Beziehungen. Wie würden Sie diese Beziehungen beurteilen? Was erhoffen Sie sich daraus?
A: Als ein Araber lutherischen Glaubens, der in Deutschland Medizin studierte und eine Facharztausbildung bis zum Oberarzt in einer Universitätsklinik absolvierte, habe ich der offenen deutschen Gesellschaft zu danken. Natürlich hat mir besonders meine Ehefrau geholfen.

Was mir die Gesellschaft in Deutschland vermittelt hat, ihr Leistungsprinzip und ihr soziales Gerechtigkeitsgefühl, hat mir geholfen und in mir den Willen gestärkt, diese Werte durch die Gründung einer Deutsch-Palästinensischen Gesellschaft zu bewahren und zum Wohl beider Völker zu erhalten.

Das Interview führte Mitri Raheb

Kontaktadressen

Berliner Missionswerk (Jerusalemsverein)
   Handjerystr. 19/20, 12159 Berlin

Frauenzentrum in Bethlehem – Internationales Begegnungszentrum – Gästehaus al-Gubran
   P.O. Box 162, Bethlehem, via Israel
   (deutsch und englisch)

Deutsch-Palästinensische Gesellschaft e.V.
   Postfach 1640, 54206 Trier

Evangelisches Missionswerk in Südwestdeutschland
   Vogelsangstraße 62, 70197 Stuttgart

Pax Christi-Bewegung, Deutsches Sekretariat
   Feststraße 9, 61118 Bad Vilbel

Sabeel. Center for Palestinian Liberation Theology
   (auch über Evangelisches Missionswerk)
   P.O. Box 1248, Jerusalem, Israel (englisch)

Talitha Kumi (auch über Berliner Missionswerk)
   P.O. Box 7, Beit Jala, via Israel
   (deutsch und englisch)

Bei den angegebenen Adressen können palästinensische Kontakte vermittelt werden.

Über die AutorInnen

Dr. Hans-Jürgen Abromeit, Iserlohn, geb. 1954, Studium der
   Evangelischen Theologie, Referent im Pastoralkolleg der
   Evangelischen Kirche von Westfalen, Vorstandsmitglied des
   Jerusalemvereins im Berliner Missionswerk
Dr. Ulrike Bechmann, Bamberg, geb. 1958, Studium der
   Katholischen Theologie, seit 1989 Theologische Referentin

und Geschäftsführerin des Weltgebetstags der Frauen in Deutschland

Prof. Dr. Ottmar Fuchs, Bamberg, geb. 1945, Professor für Praktische Theologie an der Fakultät Katholische Theologie der Otto-Friedrich-Universität Bamberg

Paul E. Hoffman, Berlin, geb. 1929, Studium der Evangelischen Theologie in Philadelphia, Göttingen und Berlin, von 1978 bis 1994 Nahostreferent im Berliner Missionswerk

Msgr. Dr. Rafiq Khoury, Jerusalem, geb. 1943, Studium der Katholischen Theologie in Jerusalem und Rom, verantwortlich für die Katechese in der Diözese von Jerusalem

Rana Khoury, Bethlehem, geb. 1968, Studium der Sozialwissenschaften in den USA, seit 1994 Leiterin des Frauenzentrums in Bethlehem

Dr. Paul Löffler, Lauenburg, geb. 1931, Studium der Evangelischen Theologie, 1968–1974 Dozent an der Near East School of Theology, Libanon, bis 1994 Leiter des Amtes für Mission und Ökumene der Evangelischen Kirche in Hessen und Nassau

Maged Nassar, Beit Sahour, geb. 1953, Studium der Medizin in Hamburg, Facharzt 1987 in Speyer, seit 1988 Generaldirektor der griechisch-katholischen Klinik in Beit Sahour

Dr. Mitri Raheb, Bethlehem, geb. 1962, Studium der Evangelischen Theologie in Marburg und Hermannsburg, seit 1988 Pfarrer der Evangelischen Lutherischen Weihnachtskirche in Bethlehem

Viola Raheb, Bethlehem, geb. 1969, Studium der Pädagogik und Evangelischen Theologie in Heidelberg, seit März 1995 Leiterin der Abteilung für Internationale Beziehungen und Erwachsenenbildung des Internationalen Begegnungszentrums Bethlehem

Rainer Zimmer-Winkel, Trier, geb. 1963, Studium der Katholischen Theologie und Politikwissenschaft, Publizist und Herausgeber der Kleinen Schriftenreihe des Kulturvereins AphorismA, Vorsitzender der Deutsch-Palästinensischen Gesellschaft